Observez bien ta vie.
Plein de fariboles
vous entourent !
Bonne nuit !

Paraboles de bonheur

Du même auteur

Ouvrages de Jean Vernette

Théodore de Mopsueste, Rome, 1954.
Pour les adolescents d'aujourd'hui : les temps forts, Paris, Sénevé, 1970.
Seront-ils chrétiens ? Perspectives catéchuménales, en collab. avec H. Bourgeois, Lyon, Chalet, 1975 (trad.).
Sectes et réveil religieux. Quand l'Occident s'éveille, Mulhouse, Salvator, 1976.
« Croire en dialogue ». Les religions, les Églises, les sectes, en collab. avec R. Girault, Limoges, Droguet et Ardant, 1979 (20e mille ; trad.).
Des chercheurs de Dieu hors frontières, Paris, Desclée de Brouwer, 1979.
Guide des religions (collect.), Paris, Dauphin, 1981 (2e éd.).
Au pays du nouveau sacré. Voyage à l'intérieur de la jeune génération, Centurion, 1981.
Guide de l'animateur, en collab. avec A. Marchadour, Limoges, Droguet et Ardant, 1983 (10e mille ; trad.).
Les sectes, l'occulte et l'étrange (6 albums BD), Salon-de-Provence, Éd. du Bosquet, 1985 (300e mille ; trad.).
Les sectes et l'Église catholique, Paris, Cerf, 1986 (2e éd.).
Occultisme, magie, envoûtements, Mulhouse, Salvator, 1986 (5e éd. ; trad.).
Les grandes questions de l'existence (6 albums BD), Salon-de-Provence, Éd. du Bosquet, 1985 (300e mille ; trad.).
Jésus dans la nouvelle religiosité, Paris, Desclée, 1987 ; 2e éd., 1994.
Des sectes à notre porte ? en collab. avec Y. de Gibon, Paris, Éd. du Chalet (3e éd. 1994).
Réincarnation, résurrection, communiquer avec l'au-delà, Mulhouse, Salvator, 1988 (3e éd. ; trad.).
Peut-on prédire l'avenir ? Paris, Centurion, 1989 (et trad.).
Le Nouvel Âge, Paris, Téqui, 1990 (3e éd. ; trad.).
Peut-on communiquer avec l'au-delà ? Paris, Centurion, 1990 (et trad.).
Les sectes, Paris, PUF, « Que sais-je ? », n° 2519, 1990 (3e éd., 1993 ; trad.).
Paraboles pour aujourd'hui, Limoges, Droguet et Ardant, 1991 (2e éd. ; trad.).
La sorcellerie, Paris, Droguet et Ardant, 1991 (et trad.), 2e éd. 1995.
Exorciste aujourd'hui ? en collab. avec N. Leneuf, Mulhouse, Salvator, 1991.
Le New Age, Paris, PUF, « Que sais-je ? », n° 2674, 1992 (2e éd., 1993 ; trad.).
Sectes : que dire ? que faire ? Mulhouse, Salvator, 1994 (2e éd. ; trad.).
La réincarnation, Paris, PUF, « Que sais-je ? », n° 3002, 1995.

Ouvrages de Jean Vernette et Claire Moncelon

Si Dieu était bon..., Paris, Centurion, 1991 (2e éd.).
Paraboles d'Orient et d'Occident, Paris, Droguet et Ardant, 1993 (10e mille).
Dictionnaire des groupes religieux aujourd'hui, Paris, PUF, 1995 (2e éd., 1996).

Jean Vernette
Claire Moncelon

Paraboles de bonheur

pour mieux vivre et être heureux

Simples histoires
au fil des jours et des saisons

BAYARD ÉDITIONS / CENTURION

Cet ouvrage a été réalisé
sous la direction éditoriale d'Alain Noël

5e tirage

ISBN 2 227 304 030

Avant-propos

Une rumeur de bonheur

Il y eut un jour un homme de tendresse et de feu. Il portait au fond du cœur le secret de la joie du dedans. À son contact chacun sentait poindre en lui le goût de l'Infini. À ses paroles, chacun percevait comme en écho une rumeur de bonheur surgissant d'un Ailleurs devenu tout proche.

L'histoire avait commencé dès sa naissance. Des messagers divins, des anges, avaient annoncé aux bergers gardant leurs troupeaux sous la voûte bleue étoilée d'une lointaine province de l'Empire romain : « Nous vous annonçons une grande joie, pour tous les hommes ! Un Sauveur vous est né ! C'est le Fils de Dieu ! Il vient révéler de sa part la Bonne Nouvelle du bonheur : Dieu vous aime ! Dieu vous aime ! Dieu vous aime ! » Et en écho l'orchestre des musiques célestes reprenait : « Gloire à Dieu au plus haut des cieux ! Et paix sur la terre aux hommes qu'il aime ! » Cela se passait à Bethléem en Palestine, au pays du peuple d'Israël.

Trente ans plus tard, devenu ouvrier charpentier, celui dont la naissance avait marqué comme une fracture dans l'histoire du temps se dirigeait d'un pas alerte un matin de sabbat vers la synagogue de son village : Nazareth, petite bourgade de Galilée dont les maisons s'égrenaient sur les pentes verdoyantes d'une colline bruissant des feuillages des oliviers et des bêlements des troupeaux. Nom du jeune homme : Ieschouah, fils de Joseph l'artisan. Âge : trente ans environ.

Il entre dans la synagogue. Le culte commence. Voici venu son tour de lire les textes sacrés sur lesquels se fondent la foi et la vie sociale de son peuple : la Loi et les Prophètes, cœur de la Bible. Il déroule le rouleau et commence la lecture. C'est un passage du prophète Isaïe :

« L'Esprit du Seigneur est sur moi. Il m'a consacré pour annoncer aux pauvres une bonne nouvelle. »

Il roule le livre et le redonne aux servants, puis il s'assoit. Tous dans la synagogue ont les yeux fixés sur lui. Et il prend la parole : « Cette nouvelle est en train de s'accomplir aujourd'hui » (évangile de Luc 4, 16 à 21).

Ces faits nous sont rapportés dans l'un des quatre livrets qui transcrivent l'histoire et l'enseignement du maître Jésus, sous le nom évocateur d'« Évangile » (« Bonne Nouvelle », en grec). De retour à l'atelier paternel, Ieschouah va raccrocher définitivement à l'établi ses outils de charpentier, le rabot et la varlope. Il part délivrer au long des routes cette étonnante Bonne Nouvelle qui remplit les cœurs d'allégresse. Elle culminera avec les « Béatitudes », charte du bonheur selon le Rabbi de Nazareth. Jésus les proclame à la foule de ses disciples depuis une colline plongeant dans les flots bleus du lac de Tibériade : « Bienheureux ceux qui ont le cœur pur, le cœur ouvert, le cœur libéré... » Il en modulera la mélodie au long de multiples paraboles qui vont constituer maintenant le fil rouge de notre propre quête du bonheur. Cette quête ne constitue-t-elle pas la trame même de l'histoire des hommes ?

La recherche du bonheur est le plus puissant moteur de notre vouloir-vivre et de nos activités. Toute la sagesse cumulée des hommes et des nations réside dans la réponse à la question centrale du sens de la vie : « Comment vivre heureux ? » C'est le même Esprit de Dieu, disent les disciples de Jésus, la même immense Énergie divine qui module dans le cœur des hommes cette mélodie unique au long de ses multiples variations.

Voici par exemple, cinq siècles déjà avant Jésus, dans la vallée du Gange, un jeune prince hindou assis en posture de méditation sous un figuier banyan. Il a connu, dit la légende, toute la palette des jouissances du monde au sein de son luxueux palais, préservé par ses murailles des détresses de l'existence. Mais un jour il en prend brusquement connaissance lorsqu'il quitte furtivement la demeure paternelle et qu'il rencontre successivement la pauvreté, la maladie et la mort sous l'apparence d'un mendiant, d'un lépreux et d'un cortège funèbre. Désormais, l'interrogation brûlante ne va plus le quitter, taraudant son cœur : Comment échapper à l'universelle souffrance ? Où est le secret du bonheur ?

Il cherche la réponse du côté des brahmanes et de leurs rites. Échec. Puis du côté des ascètes de l'Inde et de leurs macérations. Nouvel échec. Sa décision est prise : « Assis sous cet arbre, je ne cesserai ma méditation que lorsque j'aurai trouvé la réponse. » Au bout de six semaines, comme une lumière fulgurante, celle-ci traverse son esprit : c'est l'Illumination, la « Bodhi ». Et le prince Sakayamuni, l'ascète des forêts de l'Himalaya, devient le Bouddha, l'Illuminé. Son enseignement en images et paraboles illumine encore la vie de centaines de millions de croyants.

Nous croiserons ainsi tout au long de ces chapitres bien des maîtres spirituels que l'Esprit a suscités au long de l'histoire pour guider l'humanité, bien des sagesses et des religions du monde dans leur réponse à la seule question qui finalement importe aux hommes d'hier et d'aujourd'hui : « Comment être heureux ? »

Le maître Jésus disait à ses disciples : « Il y a plusieurs demeures dans la maison de mon Père. » Et il ajoutait aussitôt, nous rapporte son disciple Jean : « Je suis le Chemin, la Vérité et la Vie. Nul ne vient au Père que par moi » (évangile de Jean 14, 2 à 6).

Dans sa suite, les générations de chrétiens ont accueilli avec respect l'immense richesse des grands textes religieux de l'humanité « qui portent l'écho de millénaires de recherche de Dieu » et « s'efforcent d'aller au-devant de l'inquiétude du cœur humain » (concile Vatican II, 7 novembre 1965). C'est dans cet esprit que s'ouvrent ces pages recueillies par des chrétiens.

Du bon usage des paraboles

Découvrir la vérité sur le bonheur est une aventure périlleuse. Parce que nous sommes retranchés dans notre ego, notre moi superficiel. S'ouvrir à cette vérité n'est pas alors chose aisée. Les maîtres spirituels, de Jésus à Bouddha, le savaient bien. Aussi, dans leur enseignement, ont-ils plutôt utilisé les paraboles, les histoires. Celles-ci pénètrent en effet jusqu'à l'intime du cœur. Après les avoir lues ou écoutées, on n'est plus tout à fait comme avant. Une petite lumière s'est frayé un chemin. Et la parabole devient comme un miroir dans lequel nous découvrons notre propre visage. Elle peut être ainsi l'occasion d'une croissance spirituelle.

À condition de faire un instant silence en soi pour laisser à l'histoire le temps de délivrer sa saveur et sa signification mystique. Quand le croyant goûte en son cœur la parabole de Jésus, il est transformé intérieurement. Quand le disciple laisse résonner en lui l'histoire du maître zen, il ouvre un nouvel espace en l'intime de son être. Mais personne ne peut trouver à notre place ce qu'elles signifient alors pour nous.

Jésus pourtant, dit l'Évangile, prenait parfois à part ses disciples pour leur expliquer la signification de la parabole. Mais il les invitait le plus souvent à découvrir personnellement la profondeur de l'appel intérieur. Le maître spirituel, en effet, laisse ses disciples expérimenter par eux-mêmes la saveur du fruit. Il ne le mâche et remâche pas avant de le leur donner. Il le leur remet dans toute sa fraîcheur. Tel est le mode d'emploi sans prétention de ces histoires d'Orient et d'Occident, tirées du patrimoine spirituel de l'humanité. Elles s'offrent comme de simples voies d'accès à la joie intérieure.

Le bonheur ?
Aimer et être aimé

Heureux d'aimer…

Pour être heureux, disait souvent Jésus, il te faut « aimer ton prochain comme toi-même ». Mais, surtout, sans calculer qui est ton prochain. Les gens de ta famille? de ton milieu? de ta race? Laisse-toi simplement guider par l'appel que tu ressens. Comme le fit, à la différence des professionnels de la religion de toute catégorie, un Samaritain, un homme un peu méprisé pour sa religion jugée bâtarde et pas très évoluée...

Le bon Samaritain

Jésus racontait : « Un homme descendait de Jérusalem à Jéricho. Il tomba au milieu de bandits qui lui enlevèrent jusqu'à ses vêtements. Ils s'enfuirent le laissant couvert de plaies et à moitié mort.

Par hasard, un prêtre descendait ce même chemin ; il vit l'homme et passa de l'autre côté. Un Lévite venait par la même route ; arrivé à cet endroit, lui aussi vit l'homme ; il changea de côté et passa.

Mais voici qu'un Samaritain fait le même trajet, et quand il se trouve face au blessé, il a vraiment pitié de lui. Il s'approche et bande ses blessures en y mettant de l'huile et du vin. Puis il l'installe sur sa propre bête et le conduit jusqu'à une auberge où il prend soin de lui.

Le lendemain il sort deux pièces d'argent et les donne à l'hôtelier en lui disant : "Fais pour lui le nécessaire ; si tu dépenses davantage, je te le rembourserai au retour." »

Jésus alors demanda au Maître de la Loi qui l'avait interrogé : « À ton avis, lequel des trois s'est fait le prochain de l'homme qui a été victime des bandits ? » L'autre répondit : « Celui qui a eu pitié de lui. » Et Jésus lui dit : « Va, et fais pareil. »

Évangile de Luc 10, 30-36

Je ne sais pas exactement ce qui se passait dans la tête du bon Samaritain tout au long de l'histoire, mais je puis imaginer que lorsqu'il s'est couché le soir à l'hôtellerie, arrivé au terme de son voyage, une paix heureuse l'emplissait tout entier. La même paix qui envahissait le cœur d'Al-Mamun le calife quand son voleur disparut au loin...

Le cheval d'Al-Mamun

Le calife de Baghdad nommé Al-Mamun possédait un magnifique cheval arabe. Un membre d'une tribu, nommé Omah, était désireux d'acheter le cheval ; il offrit plusieurs chameaux en échange, mais Al-Mamun ne voulait pas se départir de son cheval. Ce qui rendit Omah tellement furieux qu'il décida d'acquérir le cheval par la ruse.

Informé qu'Al-Mamun devait passer à cheval sur une certaine route, il se coucha le long de cette route, déguisé en mendiant très malade. Or, Al-Mamun était un homme au cœur tendre. À la vue du mendiant, il le prit en pitié, descendit de cheval et lui offrit de l'amener dans un sérail.

« Hélas ! se lamenta le mendiant, je n'ai pas mangé depuis des jours et n'ai pas la force de voyager. » Alors, Al-Mamun souleva doucement l'homme, le plaça sur son cheval, avec l'intention de monter ensuite avec lui. Dès qu'il fut en selle, le mendiant partit au galop, et Al-Mamun courait après lui et lui criait d'arrêter. Quand il fut à une distance sécuritaire de son poursuivant, il s'arrêta et regarda en arrière.

« Tu m'as volé mon cheval, cria Al-Mamun: j'ai une faveur à te demander.

– Laquelle ? cria l'autre.

– Que tu ne dises à personne comment tu as acquis le cheval.

– Et pourquoi ?

– Parce qu'un jour, quelqu'un de réellement malade peut être couché le long de la route et, si ton stratagème est connu, les gens passeront près de lui sans lui porter secours. »

Conte d'Orient (A. De Mello)

Un bonheur qui se multiplie quand on le donne

« Il y a plus de joie à donner qu'à recevoir », aimait dire Jésus de Nazareth. Quand le bonheur de celui que j'aime passe avant mon propre bonheur, quand le bonheur de l'être aimé devient mon propre bonheur, il m'est rendu au centuple: « Comme une mesure de blé bien pleine, bien tassée, secouée, débordante, versée dans votre tablier ! » ajoutait le Maître (évangile de Luc 6, 8). Tel est le sens de ce merveilleux petit apologue médiéval que nous conte Gérard Bessière.

La chaîne et le peigne

Il y avait une fois, en quelque lieu du monde, deux époux dont l'amour n'avait cessé de grandir au creux de leur chaumière, depuis le jour de leur mariage. Ils étaient très pauvres et chacun d'eux savait que l'autre portait en son cœur un désir inassouvi ; lui avait une montre en or pour laquelle il ambitionnait secrètement d'acquérir un jour une chaîne du même métal précieux. Elle avait de grands et beaux cheveux, et rêvait d'un peigne de nacre pour les serrer sur sa nuque.

Avec les années qui passaient, lui en était venu à penser au peigne plus qu'à la chaîne de montre, cependant qu'elle oubliait la nacre en cherchant comment acheter la chaîne rutilante. Depuis longtemps ils n'en parlaient plus, mais leur esprit secrètement nourrissait le projet impossible.

Au matin de leurs noces d'or, le mari eut la stupeur de voir son épouse avancer vers lui les cheveux coupés !

« Qu'as-tu fait, mon amie ? »

Elle ouvrit alors ses mains dans lesquelles brillait la chaîne d'or :

« Je les ai vendus pour acheter la chaîne qui accompagnerait ta montre.

– Ma pauvre amie, s'écria-t-il en ouvrant ses propres mains dans lesquelles resplendissait la nacre, j'ai vendu la montre pour t'acheter le peigne ! »

Et de tomber dans les bras l'un de l'autre, dépouillés de tout, riches de leur seul amour…

Comme un chant de tendresse…

« L'amour fait de ces choses… » On l'a pressenti à travers l'apologue de la chaîne et du peigne. Assez puissant pour transfigurer totalement une vie. C'est ce que chante l'aimée dans le Cantique des Cantiques de la Bible, poème de la rencontre amoureuse. On y lit aussi le chant de celui qui recherche l'Unique. Lui le premier a été fasciné par celle qui l'a choisi, unique et irremplaçable. Elle, l'épousée, l'âme en quête de son Dieu, chante alors son rêve amoureux, sa quête du bonheur plénier, dans l'Alliance avec l'Éternel.

L'Aimée :

La voix de mon bien-aimé ! C'est lui !
D'un saut il franchit les montagnes !
Il bondit de colline en colline, semblable à la gazelle, mon aimé, aux petits des biches ! Voici qu'il s'est arrêté, il est là derrière notre mur, cherchant à voir par la fenêtre, observant à travers le grillage…
Mon Bien-Aimé a répondu, il m'a dit :

L'Aimé :

Lève-toi et viens mon amie, ma colombe!
Voici l'hiver passé, les pluies ont fait leur temps,
s'en sont allées.
Sur la terre apparaissent les fleurs,
l'heure des chansons est proche.
Ma colombe aux creux des rochers,
dans les retraites escarpées,
montre-moi ton visage et que j'entende ta voix,
car ta voix est douce et ton visage charmant…

Cantique des Cantiques, 1, 8-14

Louis Aragon, poète d'inspiration communiste, chante ce même amour pour Elsa, un amour assez puissant pour transformer totalement sa vie : « Ma vie est à partir de toi ! Mon bonheur naît de toi ! Parce que ton amour me fait Vivre ! » Sans amour, il n'est plus de vie.

Elsa, mon amour, ma jeunesse

Suffit-il donc que tu paraisses
De l'air que te fait rattachant
Tes cheveux ce geste touchant
Que je renaisse et reconnaisse
Un monde habité par le chant
Elsa mon amour ma jeunesse

Ô forte et douce comme un vin
Pareille au soleil des fenêtres
Tu me rends la caresse d'être
Tu me rends la soif et la faim
De vivre encore et de connaître
Notre histoire jusqu'à la fin

Ma vie en vérité commence
Le jour où je t'ai rencontrée
Toi dont les bras ont su barrer
Sa route atroce à ma démence
Et qui m'a montré la contrée
Que la bonté seule ensemence

Tu vins au cœur du désarroi
Pourchasser les mauvaises fièvres
Et j'ai flambé comme genièvre
À la Noël entre tes doigts
Je suis né vraiment de ta lèvre
Ma vie est à partir de toi

Suffit-il donc que tu paraisses
De l'air que te fait rattachant
Tes cheveux ce geste touchant
Que je renaisse et reconnaisse
Un monde habité par le chant
Elsa mon amour ma jeunesse

Tu transformas la nuit en jours heureux…

J'étais dans une nuit
à nulle autre pareille…
Lorsque tu vins, mon amour,
Tu transformas la nuit
En jours heureux,
Tu chantas et gracieusement
Tu me versas du vin.
En disant des mots divins et sacrés
Que je n'ai jamais oubliés…
Et la nuit se dissipa
Comme de la fumée.

Firdausî, sage persan

Mon cher amour,
Mon bel amour,
Ma déchirure,
Je te porte en moi,
Comme un oiseau blessé

Louis Aragon

Un cœur ouvert

Et si nos tristesses, nos déprimes et nos cafards étaient le fruit amer de nos fermetures ?
Et si le bonheur, l'allégresse de l'esprit et la plénitude de l'âme étaient le fruit savoureux de l'ouverture du cœur ?

Le marchand de bonheur

C'est l'histoire d'un homme qui était fatigué de pleurer. Il regarda autour de lui, et voyant que le bonheur était là, il étendit la main pour le prendre.

C'était une fleur : il la cueillit, mais à peine dans sa main, elle s'effeuilla.

C'était un rayon de soleil : il levait les yeux pour en être éclairé, et la lumière s'éteignit derrière un nuage.

C'était une guitare : il la caressa des doigts, elle grinça. Ce soir-là, en rentrant, cet homme pleurait encore.

Le lendemain, il recommença.

Sur le chemin, un petit enfant gémissait. Il voulut le consoler, prit une fleur et la lui donna. Et le parfum de cette fleur l'embauma lui aussi.

Une pauvre femme grelottait sous ses haillons. Il la conduisit au soleil, et lui aussi s'y réchauffa.

Un groupe de jeunes chantait. De sa guitare, il les soutint et lui-même fut bercé par la mélodie.

Ce soir-là, en rentrant, cet homme-là souriait.

J. de Vietinghoff

Je ne te souhaiterai pas de richesses
Ou la lumière des grands.
Mais que, où que tu ailles,
Un cœur malheureux
Soit empli de joie par ton sourire,
Qu'une femme attristée voie
Un rayon de soleil.

Alors, ton chemin sera de lumière,
Comme les pas d'un ange dans la nuit.

Inscription sur le mur de l'église de Upwaltham, Angleterre

J'ai écrit ton nom sur le sable, mais la vague l'a effacé,
J'ai marqué ton nom sur un arbre, mais l'écorce est tombée.
J'ai gravé ton nom dans le marbre, mais la pierre a cassé.
Je l'ai inscrit dans mon cœur, et le temps l'a gardé.

Gustave Thibon

Un bonheur à la mesure du cœur

La mesure du bonheur reçu est exactement celle du bonheur offert. Écoutons plutôt cette vieille histoire dont on conserve encore le souvenir là-bas, au pied des Pyrénées :

L'écheveau de laine

C'était fête à la cour du roi Henri IV, pour célébrer son arrivée en sa bonne ville de Pau. L'entrée du château bruissait d'une animation joyeuse. Le roi recevait dans le grand salon les cadeaux que lui apportaient ses vassaux en signe d'allégeance et de bienvenue. Ce n'étaient que coupes d'argent et armes ciselées, aiguières d'or et brocarts finement tissés.

Le cortège des donateurs arrivait à sa fin lorsqu'on voit apparaître, claudiquant et appuyée sur sa canne, une vieille paysanne en sabots descendue de sa montagne béarnaise. Elle sort de son cabas un paquet soigneusement enveloppé d'un linge. Bousculade dans les rangs des courtisans goguenards cherchant à deviner quel cadeau une si pauvre femme pouvait bien apporter au roi ! Et un immense éclat de rire lorsqu'elle sort et dépose au pied de celui-ci un écheveau de laine blanche recueillie sur le dos de ses deux moutons – toute sa fortune – et filée de ses mains au long des soirées d'hiver. Sans un mot Henri IV s'incline dignement puis donne le signal des réjouissances tandis que la vieille béarnaise traverse à nouveau les rangs des courtisans qui la toisent de toute la hauteur de leur mépris moqueur.

Elle reprend la route, une longue route, de nuit, pour retrouver sa cabane plantée dans les collines sur les terres royales où l'on a toléré jusqu'ici sa présence…

Mais lorsqu'elle débouche en vue de sa maisonnette, elle s'arrête saisie de panique. Celle-ci est entourée de soldats en train d'enfoncer des piquets de clôture tout autour de la pauvre habitation et d'y accrocher son écheveau de laine. « Mon Dieu ! pense-t-elle, le cœur serré. Le roi a dû penser que je voulais me moquer de lui avec mon cadeau… Les gardes viennent m'arrêter et me mettre en prison… »

Lorsque s'avance le sergent de la maréchaussée, qui s'incline courtoisement devant elle : « Madame, de par ordre de notre bon roi Henri, toute la terre qui est entourée par votre fil de laine vous appartient désormais. Avec les remerciements et hommages de notre roi. »

Le périmètre de sa nouvelle propriété correspond exactement à la longueur de son écheveau ! Elle a reçu à l'exacte mesure où elle a donné.

Conte du Béarn

La cité de la Joie

On imagine alors ce que serait une cité terrestre où chacun aimerait et serait aimé. Ce serait la « cité de la Joie ». Dans le dernier livre de la Bible, l'Apocalypse, Jean l'évangéliste en a la vision éblouissante.

Et je vis descendre du ciel, d'auprès de Dieu, la Ville sainte, la nouvelle Jérusalem. Et j'entendis une voix puissante qui disait : « Voici la tente de Dieu au milieu des hommes. Il aura chez eux sa demeure, et lui, Dieu, sera Dieu-avec-eux. Il essuiera toutes larmes de leurs yeux. Il n'y aura plus de deuil, plus de cris, plus de pleurs… Car Il a fait toutes choses nouvelles. »

Apocalypse 21, 2-5

Bien sûr, ce sera « sous un nouveau ciel et sur une terre nouvelle » : sur l'autre rive. Mais déjà nous pourrions commencer à le vivre dans nos cités terrestres : « au village où les brouettes sont pleines d'amour et distribuent le bonheur », que chantait déjà le mystique hindou Toukârân (1598-1650). Oui, on y vivrait volontiers, même comme un mendiant.

Le chant du mendiant

Au village des saints
on respire l'amour,
plus d'angoisse,
plus de souffrance.

J'y resterai
mendiant l'amour :
pour aumône j'y recevrai
l'amour.

Au village des saints
on possède un trésor,
Viththal,
unique avoir, unique richesse.

J'y resterai
mendiant l'amour.

Au village des saints
une nourriture, l'ambroisie
du chant continuel des psaumes.

Pour aumône
j'y recevrai
l'amour.

Au village des saints,
il n'est commerce que d'initiation :
les charrettes sont pleines d'amour
et distribuent le bonheur.

Telles sont, dit Toukâ, les voies de ce village :
aussi, m'y suis-je fait mendiant.

Toukârân

Être considéré et aimé

Le bonheur c'est aussi d'être accepté, reconnu tel que l'on est. Il s'épanouit à la mesure de la considération que l'on reçoit. Un jour, des gens amènent à Jésus, pour la condamner, une femme destinée à être lapidée parce que surprise en flagrant délit d'adultère. Le Maître se contente de leur dire : « Que celui qui est sans péché lui jette la première pierre. » Sans mot dire, les accusateurs se retirent alors un par un...

Jésus se retrouva seul avec la femme. Il lui dit : « Femme, où sont tes accusateurs ? Personne ne t'a condamnée ? » Elle répondit : « Personne. » Et Jésus lui dit : « Moi non plus, je ne te condamne pas. Va et ne pèche plus. »

Évangile de Jean 8, 10-11

Une vie toute nouvelle commença pour celle qui repartait en dansant et en chantant : « Il ne m'a pas condamnée ! Il ne m'a pas condamnée ! » Ainsi le regard de l'autre a-t-il la puissance étonnante de nous faire exister et de nous rendre heureux : parce que aimés. De même notre propre regard sur l'autre.

La légende du myosotis

Au temps où l'oreille humaine était fine pour entendre les plantes, un homme était assis près d'un vieux mur. Il rêvait de bonheur, les yeux fixés sur une petite fleur fragile et discrète. La fleur, cousine de celle du Petit Prince, avec sa voix de parfum lui dit dans son langage :

« Que fais-tu là ?

– Je te regarde.

– Tu perds ton temps. Je suis toute petite et il y a tant de choses importantes à regarder.

– Mais tu es importante aussi.

– Eh bien toi, au moins, tu ne te conduis pas comme le sanglier qui, ne me voyant même pas, a failli m'écraser il y a juste quelques instants.

– Le sanglier ? Tant pis pour lui s'il n'a même pas remarqué combien tu es jolie.

– Je ne suis pas jolie. Personne ne me l'a jamais dit.

– Eh bien, moi, je te trouve jolie, et je m'y connais en beauté.

– Soit. Si tu me trouves belle, c'est peut-être parce que tu m'aimes.

– Sûrement.

– Alors, être belle pour une fleur, si petite soit-elle, c'est être aimée ! »

Et depuis ce jour le myosotis s'appelle : fleur d'amour.

La joie intérieure se mesure à la capacité d'aimer.
Un jour Jésus est invité à table chez un homme fort religieux mais quelque peu rigoriste, un pharisien.

La pécheresse au grand cœur

Survint une femme de la ville qui était pécheresse ; elle avait appris qu'il était à table dans la maison du pharisien. Apportant un flacon de parfum en albâtre et se plaçant par-derrière, tout en pleurs, aux pieds de Jésus, elle se mit à baigner ses pieds de larmes ; elle les essuyait avec ses cheveux, les couvrait de baisers et répandait sur eux du parfum.

Voyant cela, le pharisien qui l'avait invité se dit en lui-même : « Si cet homme était un prophète, il saurait qui est cette femme qui le touche, et ce qu'elle est : une pécheresse. » Jésus prit la parole et lui dit : « Simon, j'ai quelque chose à te dire. – Parle, Maître », dit-il. « Un créancier avait deux débiteurs ; l'un lui devait cinq cents pièces d'argent, l'autre cinquante. Comme ils n'avaient pas de quoi rembourser, il fit grâce de leur dette à tous les deux. Lequel des deux l'aimera le plus ? » Simon répondit : « Je pense que c'est celui auquel il a fait grâce de la plus grande dette. » Jésus lui dit : « Tu as bien jugé. »

Et se tournant vers la femme, il dit à Simon : « Tu vois cette femme. Je suis entré dans ta maison : tu ne m'as pas versé d'eau sur les pieds, mais elle, elle a baigné mes pieds de ses larmes et les a essuyés avec ses cheveux. Tu ne m'as pas donné de baiser, mais elle, depuis qu'elle est entrée, elle n'a pas cessé de me couvrir les pieds de baisers. Tu n'as pas répandu d'huile odorante sur ma tête, mais elle, elle a répandu du parfum sur mes pieds. Si je te déclare que ses péchés si nombreux ont été pardonnés, c'est parce qu'elle a montré beaucoup d'amour. Mais celui à qui on pardonne peu montre peu d'amour. » Il dit à la femme : « Tes péchés ont été pardonnés. »

Évangile de Luc 7, 37-48

On imagine la joie de Marie Magdeleine – c'était son nom – quand elle se redit, inondée de bonheur, n'en croyant pas ses oreilles : « Il m'a pardonné ! Il m'a aimée ! » C'est que son cœur était ouvert : « Elle avait beaucoup aimé. »

La femme et le chien

Le prophète dit : « Il était une femme aux mœurs dépravées, pécheresse impudique, souillée.

Un jour qu'elle traversait la campagne, elle aperçut sur son chemin un puits au bord duquel un chien haletait de soif, la langue pendante.

En toute tendresse, elle renonça à ce qu'elle avait à faire. Faisant de sa chaussure un seau, de son manteau une corde, elle puisa de l'eau et donna à boire au chien.

Pour ce bienfait, Dieu l'exalta dans les deux mondes. La nuit de son ascension, je la vis belle comme la lune, habitant le paradis. »

Une femme dépravée reçut de Dieu une aussi grande récompense pour avoir donné à boire à un chien.

Toi, si tu consoles un instant le cœur d'autrui, ta récompense sera plus grande que les deux mondes.

Farid ud Din Attar (vers 1140-1230), mystique musulman

Un bonheur au quotidien

Qui dira le paisible bonheur de la tâche accomplie au long d'une vie de couple dans l'amour vécu au quotidien...

L'amour ne vieillit pas

Viens te mettre à côté de moi sur le banc devant la maison, femme.

C'est bien ton droit ; il va y avoir quarante ans qu'on est ensemble.

Ce soir, et puisqu'il fait beau, et c'est aussi le soir de notre vie :

Tu as bien mérité, vois-tu, un petit moment de repos.

Voilà, les enfants à cette heure sont casés, ils s'en sont allés par le monde, et, de nouveau, on n'est rien que tous les deux, comme on a commencé.

Femme, tu te souviens ? On n'avait rien pour commencer, tout était à faire.

Et on s'y est mis, mais c'est dur. Il faut du courage, de la persévérance.

Il faut de l'amour, et l'amour n'est pas ce qu'on croit quand on commence.

Tu te souviens femme, ou quoi ?

Tous ces soucis, tous ces tracas : seulement tu as été là.

On est resté fidèles l'un à l'autre. Et ainsi j'ai pu m'appuyer sur toi, et toi tu t'appuyais sur moi.

C'est pourquoi, mets-toi à côté de moi et puis regarde, car c'est le temps de la récolte et le temps des engrangements.

Quand il fait rose comme ce soir, et une poussière rose monte partout entre les arbres.

Mets-toi tout contre moi, on ne parlera pas : on n'a plus besoin de rien se dire.

On n'a besoin que d'être ensemble encore une fois, et de laisser venir la nuit dans le contentement de la tâche accomplie.

Charles-Ferdinand Ramuz

Frères, sur la terre des hommes...

« La route est courte, ce serait dommage de se croiser sans se rencontrer... », chante la chanson.
Et pourtant n'est-ce pas ce que nous vivons le plus souvent au cœur de la foule solitaire ? Quelle joie alors lorsque à certains moments privilégiés on se rencontre, on se découvre frères sur la même terre des hommes... C'est l'expérience unique que vit cet équipage de l'aéropostale qui vient de poser en catastrophe son avion dans les confins du désert de Mauritanie :

Nous nous étions enfin rencontrés...

Groupés pour la nuit sur cette grand'place de notre village, ce coupon de sable où nos caisses versaient une lueur tremblante, nous avons attendu. Nous attendions l'aube qui nous sauverait, ou les Maures. Et je ne sais ce qui donnait à cette nuit son goût de Noël. Nous nous racontions des souvenirs, nous nous plaisantions et nous chantions.

Nous goûtions cette même ferveur légère qu'au cœur d'une fête bien préparée. Et cependant, nous étions infiniment pauvres. Du vent, du sable, des étoiles. Un style dur pour trappiste. Mais, sur cette nappe mal éclairée, six ou sept hommes qui ne possédaient plus rien au monde, sinon leurs souvenirs, se partageaient d'invisibles richesses.

Nous nous étions enfin rencontrés. On chemine longtemps côte à côte, enfermés dans son propre silence, ou bien l'on échange des mots qui ne transportent rien. Mais voici l'heure du danger. Alors on s'épaule l'un à l'autre. On découvre que l'on appartient à la même communauté. On s'élargit par la découverte d'autres consciences. On se regarde avec un grand sourire. On est semblable à ce prisonnier délivré qui s'émerveille de l'immensité de la mer.

Antoine de Saint-Exupéry, *Terre des hommes*

Finalement, pour qu'advienne le bonheur sur terre, enseigne le bouddhisme, il suffit que chacun pratique amour et compassion.

« Puissent tous les êtres atteindre au bonheur »

L'on dit toujours dans nos prières : « Puissé-je aider tous les êtres qui sont dans la souffrance. » C'est quelque chose que nous devrions mettre en application. Et cela veut dire essayer non seulement de pratiquer le dharma, mais aussi avoir une activité sociale vis-à-vis de la communauté, d'essayer d'aider ceux qui sont dans la difficulté, par exemple les gens qui ont des problèmes mentaux ou d'autres sortes de difficultés. Pas nécessairement en essayant de leur enseigner le dharma, mais en utilisant vous-mêmes les enseignements du dharma pour les aider. Je crois que cette activité dirigée vers l'extérieur, et vers les autres êtres, est quelque chose que nous devons développer. C'est l'aboutissement naturel des prières que nous faisons toujours : « Puissent tous les êtres atteindre au bonheur et être séparés de la souffrance. »

Sa Sainteté le Dalaï Lama, à Paris

Un jour, en marchant dans la montagne,
j'ai vu une bête.
En m'approchant, je me suis aperçu
que c'était un homme.
En arrivant près de lui,
j'ai vu que c'était mon frère !

Proverbe tibétain

« Qu'un ami véritable est une douce chose ! »

On a souvent chanté la douce joie de l'amitié. Les maîtres spirituels disent qu'elle est le signe de la présence de Dieu dont le nom est tendresse. Jésus lui-même disait : « Je ne vous appellerai plus mes serviteurs, mais mes amis, parce que je vous ai révélé les secrets de mon Père. » Et il donne comme exemple de la prière qui doit monter sans cesse de notre cœur vers Lui, l'insistance persévérante de celui qui ose réveiller son ami en pleine nuit pour lui demander du pain.

L'ami sans-gêne

Imaginez ceci : l'un d'entre vous va trouver son ami au milieu de la nuit pour lui dire : « Ami, prête-moi trois pains ! Un ami qui voyage vient de m'arriver, et je n'ai rien à lui offrir. » L'autre lui répond de l'intérieur : « Laisse-moi tranquille, la porte est maintenant bloquée et nous sommes au lit avec les enfants. Je ne peux pas me lever pour te les donner ! »

Je vous le dis : même si celui qui est au lit ne se lève pas pour vous le donner parce que vous êtes un ami, à force d'insister, vous l'obligerez à se lever et à vous donner tout ce dont vous avez besoin.

Et je vous dis : Demandez et l'on vous donnera, cherchez et vous trouverez, frappez à la porte et l'on vous ouvrira. Car quiconque demande reçoit, celui qui cherche trouve, et l'on ouvre à celui qui frappe.

Évangile de Luc 11, 5-10

Encore faut-il que celui que l'on réveille en pleine nuit soit un véritable ami ! Écoutons plutôt ici la sagesse africaine...

Un homme confia un jour une vache à son fils pour qu'il en fît don au meilleur de ses amis. L'enfant remercia et se mit à réfléchir pour voir qui était digne d'un tel cadeau. Il revint alors près de son père et dit : « Père, j'ai mis du temps à réfléchir, car j'ai deux amis qui me sont très chers, mais je sais à qui ira ma vache. »

Le père répondit : « Avant de le savoir, j'aimerais connaître quels rapports existent entre toi et chacun de tes amis.

– Le premier, dit l'enfant, je l'aime comme moi-même : où que je me trouve, il est présent à mon esprit, jusque dans mes rêves. Le second, à vrai dire, je ne l'aime pas autant. Mais lui m'aime beaucoup et ne pense qu'à moi. »

Et le père de s'enquérir : « Alors, à qui ira ton cadeau ?

– Au premier, répondit le fils, je l'aime tant ! »

Le père lui dit alors : « Il pleut à verse et la nuit approche. Prends ce couteau, couvre-le de sang, laisse-toi tremper par la pluie et va auprès de tes amis, l'un après l'autre, en cet état misérable. À chacun tu diras : “Ami, cache-moi, je viens de tuer un homme, je suis poursuivi, je ne puis avoir recours qu'à toi.” »

L'enfant obéit et se présenta chez l'ami qu'il aimait tendrement, mais le prétendu ami le chassa : « Tu viens de commettre un crime et tu voudrais me le faire partager ? Sauve-toi, de peur qu'on ne nous attrape tous les deux ; je suis innocent dans cette affaire. »

L'enfant se hâta vers l'ami qui l'aimait. Celui-ci, au récit de son aventure, s'écria : « Dépêchons-nous, quittons ces lieux, tu me donneras des détails quand nous serons en sûreté. Je ne peux te voir souffrir sans communier à ta peine. »

Tandis qu'ils détalaient, l'enfant expliqua son stratagème, et ils allèrent chez ses parents. Là, le père remit deux vaches à l'ami fidèle et dit : « Mon fils, ne sois pas dupe de la société. Aime celui qui t'aime. Quant à celui que tu aimes, peut-être en aime-t-il un autre plus que toi. »

Conte africain du Rwanda

... et celle de la Bible.

La parole agréable attire de nombreux amis, le langage aimable attire de nombreuses gentillesses.

Si tu veux acquérir un ami, acquiers-le en le mettant à l'épreuve ; n'aie pas trop vite confiance en lui.

Il y a l'homme qui est ton ami quand cela lui convient, mais qui ne reste pas avec toi au jour de ta détresse. Il y a l'homme qui d'ami se transforme en ennemi, et qui va divulguer, pour ta confusion, ce qui l'oppose à toi. Il y a l'homme qui est ton ami pour partager tes repas, mais qui ne reste pas avec toi au jour de ta détresse. Un ami fidèle est un refuge assuré, celui qui en trouve un a trouvé un trésor. Un ami fidèle n'a pas de prix, sa valeur est inestimable. Un ami fidèle est un élixir de vie que découvriront ceux qui craignent le Seigneur.

Livre de Ben Sirac le Sage 6, 5-17

Ce qui est vrai en Israël et au Rwanda l'est aussi au « Monomotapa » ! La sagesse ne connaît pas de frontières. Au cœur de la nuit à nouveau, deux amis découvrent l'un des secrets du bonheur.

Les deux amis

Deux amis vivaient au Monomotapa :
L'un ne possédait rien qui n'appartînt à l'autre :
Les amis de ce pays-là
Valent bien, dit-on, ceux du nôtre.
Une nuit que chacun s'occupait au sommeil,
Et mettait à profit l'absence du Soleil,
Un de nos deux Amis sort du lit en alarme :
Il court chez son intime, éveille les valets ;
Morphée avait touché le seuil de ce palais.
L'Ami couché s'étonne, il prend sa bourse, il s'arme ;
Vient trouver l'autre, et dit : « Il vous arrive peu
De courir quand on dort ; vous me paraissiez homme
À mieux user du temps destiné pour le somme :
N'auriez-vous point perdu tout votre argent au jeu ?
En voici : s'il vous est venu quelque querelle,
J'ai mon épée, allons. Vous ennuyez-vous point
De coucher toujours seul ? Une esclave assez belle
Était à mes côtés : voulez-vous qu'on l'appelle ?
– Non, dit l'ami, ce n'est ni l'un ni l'autre point :
Je vous rends grâce de ce zèle.
Vous m'êtes en dormant un peu triste apparu ;
J'ai craint qu'il ne fût vrai, je suis vite accouru.
Ce maudit songe en est la cause. »
Qui d'eux aimait le mieux ? Que t'en semble, Lecteur ?
Cette difficulté vaut bien qu'on la propose.
Qu'un ami véritable est une douce chose.
Il cherche vos besoins au fond de votre cœur ;
Il vous épargne la pudeur
De les lui découvrir vous-même.
Un songe, un rien, tout lui fait peur
Quand il s'agit de ce qu'il aime.

Jean de La Fontaine

En l'amitié, les âmes se mêlent et se confondent l'une et l'autre d'un mélange si universel qu'elles effacent et ne retrouvent plus la couture qui les a jointes.

Montaigne

La plénitude de l'amour du prochain, c'est simplement être capable de demander : « Quel est ton tourment ? »

Simone Weil

Le bonheur, cela se cultive. Comme l'amitié. Il faut y consacrer du temps. Et du cœur.
L'auteur est tombé en panne avec son avion dans le désert. Il va y découvrir le Petit Prince et bien des réponses aux grandes questions des hommes. Par exemple : « Comment apprendre le prix du bonheur ? »

« Je découvrirai le prix du bonheur »

C'est alors qu'apparut le renard :

« Bonjour, dit le renard...

– Qui es-tu ? dit le petit prince. Tu es bien joli...

– Je suis un renard, dit le renard.

– Viens jouer avec moi, lui proposa le petit prince. Je suis tellement triste...

– Je ne puis pas jouer avec toi, dit le renard. Je ne suis pas apprivoisé.

– Ah ! pardon », fit le petit prince…

Le renard se tut et regarda longtemps le petit prince :

« S'il te plaît... apprivoise-moi, dit-il !

– Je veux bien, répondit le petit prince, mais je n'ai pas beaucoup de temps. J'ai des amis à découvrir et beaucoup de choses à connaître.

– On ne connaît que les choses que l'on apprivoise, dit le renard. Les hommes n'ont plus le temps de rien connaître. Ils achètent des choses toutes faites chez les marchands. Et comme il n'existe point de marchands d'amis, les hommes n'ont plus d'amis. Si tu veux un ami, apprivoise-moi ! »...

Le lendemain revint le petit prince.

« Il eût mieux valu revenir à la même heure, dit le renard. Si tu viens, par exemple, à quatre heures de l'après-midi, vers trois heures je commencerai d'être heureux. Plus l'heure avancera, plus je me sentirai heureux. À quatre heures, déjà, je m'agiterai et m'inquiéterai ; je découvrirai le prix du bonheur ! »

Antoine de Saint-Exupéry, *Le Petit Prince*

Prendre le temps de vivre

Prendre le temps de vivre

Souvent nous sommes tendus, préoccupés de mille choses. Nous voulons construire notre bonheur à la force du poignet. Nous sommes impatients de réussir nos affaires pour nos enfants. De développer notre moi ou de réaliser notre personnalité. De changer le monde ou de transformer la société. Et ce sont de nobles desseins.
À condition de ne pas oublier, au milieu de tous ces soucis, de prendre aussi le temps de vivre.
« Qui d'entre vous d'ailleurs, avec ses seuls efforts, peut prétendre allonger sa vie d'une seule coudée ? », disait le maître Jésus. Car la vie germe déjà, souterrainement, si nous lui faisons confiance et si nous donnons notre confiance à celui qui agit au cœur de toutes choses.
Sachons prendre le temps de vivre. Pendant ce temps, la semence germe déjà, toute seule.

La semence qui se développe toute seule

Jésus leur dit : « Voici une image du Royaume de Dieu. Un homme a jeté la semence en terre. Après quoi, de jour et de nuit, qu'il dorme ou se lève, la graine pousse et se développe sans qu'il ait à y voir. D'elle-même la terre donne le fruit : d'abord apparaît l'herbe, puis l'épi, puis le blé plein l'épi. Et quand c'est bon à récolter on y lance la faux : l'heure de la moisson est arrivée. »

Évangile de Marc 4, 26-29

Et, de fait, pourquoi ne pas s'accorder ce qui ne coûte rien et que nous pouvons avoir à profusion si nous le voulons ?

La tortue a du temps

Les animaux étaient mécontents des hommes.

Ils tinrent un grand conseil et chacun y alla de son grief :

« Ils volent mes œufs dès que je les ai pondus, dit la poule.

– Ils me tuent et ils me prennent les beefsteaks, dit le bœuf.

– Ils me chassent et ils se régalent de ma chair », dit le lièvre.

La tortue n'avait pas parlé et souriait dans sa barbe.

« Et toi, ils ne te prennent rien ?

– Oh, répond-elle paisiblement, il y a bien quelque chose qu'ils aimeraient me prendre s'ils le pouvaient parce qu'ils disent toujours en manquer : moi, j'ai du temps ! »

Prendre le temps de vivre n'est-ce pas le plus sûr moyen d'être bien dans son corps, bien dans son cœur, bien dans sa peau ?

Les hommes courent tous après le temps

Je suis sorti, Seigneur,
dehors les hommes couraient, les vélos couraient,
les voitures couraient, les camions couraient,
la rue courait, la ville courait, tout le monde courait.
Ils couraient pour ne pas perdre de temps,
pour rattraper le temps, pour gagner du temps.

Au revoir, Monsieur, excusez-moi je n'ai pas le temps.
Je repasserai, je ne puis attendre, je n'ai pas le temps.
Je termine cette lettre, car je n'ai pas le temps.
J'aurais aimé vous aider, je n'ai pas le temps.

Je ne puis accepter, faute de temps.
Je ne puis réfléchir, lire, je suis débordé,
Je n'ai pas le temps.
J'aimerais prier, mais je n'ai pas le temps.

Ainsi, les hommes
courent tous après le temps, Seigneur.
Ils passent sur la terre en courant,
pressés, bousculés, surchargés, affolés, débordés.
Tu es hors du temps, Tu souris,
Seigneur, de nous voir nous battre avec lui,

Seigneur, j'ai le temps, j'ai tout mon temps à moi,
tout le temps que Tu me donnes,
les années de ma vie, les journées de mes années,
les heures de mes journées,
elles sont toutes à moi.

À moi de les remplir
tranquillement, calmement,
mais de les remplir tout entières jusqu'au bord,
pour Te les offrir, et que de leur eau fade,
Tu fasses un vin généreux, comme jadis à Cana,
Tu fis pour les noces humaines.

Michel Quoist

Savoir prendre le temps de vivre et y trouver son bonheur, c'est aussi la sagesse de notre petit prince.

« Moi, je marcherais doucement vers une fontaine »

« Bonjour, dit le petit prince.
– Bonjour, dit le marchand. »

C'était un marchand de pilules perfectionnées qui apaisent la soif. On en avale une par semaine et l'on n'éprouve plus le besoin de boire.

« Pourquoi vends-tu ça ? dit le petit prince.

– C'est une grosse économie de temps, dit le marchand. Les experts ont fait des calculs. On épargne cinquante-trois minutes par semaine.

– Et que fait-on de ces cinquante-trois minutes ?

– On en fait ce que l'on veut… »

« Moi, se dit le petit prince, si j'avais cinquante-trois minutes à dépenser, je marcherais tout doucement vers une fontaine... »

Antoine de Saint-Exupéry

Apprendre à se détendre

Apprendre à se détendre, telle est la sagesse du moine heureux que le père abbé enseignait à ses disciples.

Le père abbé et le chasseur

Un jour un chasseur vit le père abbé d'un monastère prendre un temps de détente avec ses frères et en fut choqué. Quelle sorte de guide spirituel est-ce là ?

Mais le vieux moine lui dit : « Mets une flèche sur ton arc et tire-la. » Le chasseur s'exécuta. Puis le vieil homme lui dit : « Maintenant tire encore. » Le chasseur s'exécuta de nouveau. Puis le vieillard lui dit : « Tire encore avec ton arc, tire encore, et encore et encore. » À la fin, le chasseur dit : « Mais si je tire trop souvent avec mon arc, je le briserai. »

Alors le vieux moine lui dit : « Il en va de même pour l'œuvre de Dieu. Si nous nous tendons nous-mêmes au-delà de toute mesure, nous serons brisés. Quelquefois, il est nécessaire de satisfaire d'autres besoins. »

À ces paroles, le chasseur fut frappé de remords et s'en alla, grandement édifié par le vieillard.

Quant aux moines qui étaient là, ils retournèrent chez eux, réconfortés.

Légende monastique du Moyen Âge

Un jour que les apôtres revenaient de mission harassés par la prédication de la Bonne Nouvelle, le maître Jésus leur donna un seul ordre :
« Venez ici à l'écart. Reposez-vous. Détendez-vous. »

« Profite de toi-même »

Tes occupations, je ne te demande pas de les rompre, mais simplement de les interrompre…

Puisque tous les autres profitent de toi, profite donc toi aussi de toi-même.

Pourquoi serais-tu le seul à être privé de cette faveur ?

Rappelle-toi donc, je ne dis pas toujours, je ne dis même pas souvent, mais au moins de temps en temps, que tu te dois aussi à toi-même.

Est-ce vraiment trop te demander ?

Saint Bernard au pape Eugène III

Celui qui ne se repose pas fatigue les autres.

Un businessman débordé

Il était une fois un homme d'affaires mondialement admiré pour ses qualités exceptionnelles de chef d'entreprise. Tout ce qu'il touchait devenait de l'or. Il était immensément riche. On l'interviewait dans une revue professionnelle, sur le secret de sa réussite :

« Vous étiez déjà tout jeune à la tête d'une grosse fortune, n'est-ce pas ?

– C'est exact, j'avais à peine vingt ans.

– Vous auriez donc pu à n'importe quel moment vous arrêter de travailler et prendre un peu de bon temps ?

– C'est-à-dire que… je ne pouvais plus m'arrêter. J'avais oublié comment on s'y prend pour prendre le temps de vivre… »

Certains se rappelleront peut-être alors une belle utopie, celle de mai 68, que chantait Georges Moustaki.

Le temps de vivre… et de rêver

Nous prendrons le temps de vivre
D'être libres, mon amour.
Sans projets et sans habitudes,
Nous pourrons rêver notre vie…

Viens, je suis là, je n'attends que toi,
Tout est possible, tout est permis…
Viens, écoute ces mots qui vibrent
Sur les murs du mois de mai…
Ils nous disent la certitude
Que tout peut changer un jour !

Viens je suis là, je n'attends que toi,
Tout est possible, tout est permis…

Nous prendrons le temps de vivre
D'être libres, mon amour.
Sans projets et sans habitudes
Nous pourrons rêver notre vie…

Un certain plaisir…

Goûter le plaisir des choses au jour le jour est une des voies de la félicité, à condition de ne pas y aliéner sa liberté d'homme.

Le plaisir est un chant de liberté

Alors un ermite, qui visitait la cité une fois par an, s'avança et dit : « Parlez-nous du Plaisir. »
Et il répondit, disant :
– Le plaisir est un chant de liberté,
Mais il n'est pas leur fruit.
Il est une profondeur appelant un sommet,
Mais il n'est ni l'abîme ni le faîte.
Il est le prisonnier prenant son essor,
Mais il n'est pas l'espace qui l'enveloppe.
Oui, en vérité, le plaisir est un chant de liberté.
Et volontiers je vous verrais le chanter à plein cœur ; mais ne voudrais point vous voir perdre vos cœurs dans ce chant...
Votre corps est la harpe de votre âme,
Et il vous appartient d'en tirer musique douce ou sons confus.

Khalil Gibran

Est-ce à dire que, pour être heureux, il faut libérer son cœur ?
Oui, certes. Mais sans angélisme. Car il est des besoins qu'il faut impérativement satisfaire pour accéder à une vie vraiment humaine.
Et donc pour être heureux.
Au premier plan, le besoin de pain, du « pain quotidien ». Car là est le minimum vital.

Un minimum vital pour être heureux

Le maître Jésus donne comme exemple de la prière de demande la requête instante de celui qui a faim et qui mendie du pain. Car le pain, c'est la vie. Pouvoir se nourrir à sa faim c'est un des premiers pas du bonheur. Demander à manger à celui que l'on aime, c'est la plus belle marque de confiance et d'amitié. Jésus ne se contente d'ailleurs pas de donner cette attitude en exemple. Il la met lui-même en œuvre concrètement. Il donne du pain à ceux qui l'ont suivi en foule, séduits par sa parole et son enseignement. Ils se nourrissent déjà de la Bonne Nouvelle dont ils ont tellement besoin pour leur vie. Mais il reste ce soir une autre faim à satisfaire : celle de gens qui n'ont pas mangé depuis une journée entière et savent ne pas pouvoir trouver de pain à acheter dans les environs. Alors Jésus passe à l'acte. Le miracle (c'est-à-dire le « signe ») de la multiplication des pains va marquer un tournant dans sa vie. C'est le sommet de son enseignement.

Jésus était passé de l'autre côté du lac de Tibériade (appelé aussi mer de Galilée). Une grande foule le suivait, parce qu'elle avait vu les signes qu'il accomplissait en guérissant les malades. Jésus gagna la montagne, et là, il s'assit avec ses disciples. C'était un peu avant la Pâque, qui est la grande fête des Juifs. Jésus leva les yeux et vit qu'une foule nombreuse venait à lui. Il dit à Philippe : « Où pourrions-nous acheter du pain pour qu'ils aient à manger ? » Il disait cela pour le mettre à l'épreuve, car lui-même savait bien ce qu'il allait faire. Philippe lui répondit : « Le salaire de deux cents journées ne suffirait pas pour que chacun ait un petit morceau de pain. » Un de ses disciples, André, le frère de Simon-Pierre, lui dit : « Il y a là un jeune garçon qui a cinq pains d'orge et deux poissons, mais qu'est-ce que cela pour tant de monde ! » Jésus dit : « Faites-les asseoir. » Il y avait beaucoup d'herbe à cet endroit, ils s'assirent donc, au nombre d'environ cinq mille hommes. Alors Jésus prit les pains, et, après avoir rendu grâce, les leur distribua ; il leur donna aussi du poisson, autant qu'ils en voulaient. Quand ils eurent mangé à leur faim, il dit à ses disciples : « Ramassez les morceaux qui restent, pour que rien ne soit perdu. » Ils les ramassèrent, et ils remplirent douze paniers avec les morceaux qui restaient des cinq pains d'orge après le repas.

Évangile de Jean 6, 1-13

L'Organisation des Nations Unies énumère douze besoins fondamentaux importants pour la vie, la survie et la dignité de l'homme. Chacun de ces besoins doit être comblé pour accéder à un certain niveau de « bonheur ».

1. Une ration quotidienne de deux mille cinq cents à quatre mille calories d'un régime alimentaire équilibré pour chacun.
2. Une batterie et des ustensiles de cuisine par unité familiale.
3. Un jeu de trois ensembles de vêtements et de trois paires de chaussures pour chacun.
4. Au moins cent litres de bonne eau par jour, pour consommation et utilité sanitaire.
5. Un abri d'au moins six mètres carrés par personne offrant une protection adéquate contre les intempéries, comprenant les systèmes de chauffage et de refroidissement, selon les climats.
6. Une scolarisation d'au moins six ans pour chaque enfant et l'alphabétisation complète des adultes, qui devraient aussi avoir accès à l'arithmétique de base.
7. Un récepteur-radio par unité familiale.
8. Un téléviseur par centaine d'habitants.
9. Une bicyclette par unité familiale.
10. Les soins médicaux de base devraient être accessibles; on conseille dix médecins et cinquante lits d'hôpitaux pour cent mille habitants. On devrait aussi prévoir l'accessibilité à dix dollars US de médicaments par personne par année.
11. Du travail suffisant pour pourvoir aux besoins d'une unité familiale.
12. Un système quelconque de sécurité sociale pour les malades, les handicapés et les vieillards.

Un cœur libre

Un cœur libéré et riche de l'essentiel

Jésus faisait route pour la Galilée et traversait la Samarie. Fatigué par la marche, il s'assoit sur la margelle du puits de Jacob. C'était l'heure de midi. Arrive une femme de Samarie pour puiser de l'eau. Jésus lui dit : « Donne-moi à boire. » À ce moment-là ses disciples étaient partis à la ville pour acheter des provisions.

Mais la Samaritaine lui répond : « Vous êtes juif ? Comment pouvez-vous demander à boire à une Samaritaine comme moi ? » (On sait que les Juifs ne veulent pas avoir de rapports avec les Samaritains.) Jésus lui dit : « Si tu connaissais le don de Dieu et si tu savais qui te demande à boire, c'est toi qui lui aurais demandé de cette eau qui fait vivre, et il te l'aurait donnée. Celui qui boit de l'eau que je lui donnerai ne connaîtra plus jamais la soif. L'eau que je lui donnerai deviendra en lui une source intarissable de vie éternelle. »

Évangile de Jean 4, 3-14

L'Eau vive, source intarissable de Vie éternelle...
Celui qui se libère de la soif des choses matérielles, a accès à cette Eau.
Et son cœur possède alors la vraie richesse.

La perle précieuse

Un ascète hindou, un saddhu, nu sous son pagne et la besace en bandoulière, marchait le long de la grève du grand océan Indien. Il traversait à la nuit tombante un village de pêcheurs quand un homme courut après lui et le héla :

« Arrêtez-vous ! donnez-moi la perle précieuse !

– Quelle perle ?

– Celle que vous avez dans votre sac, je le sais ! Car cette nuit Brahma lui-même m'est apparu et m'a dit que je rencontrerais aujourd'hui un saddhu qui me donnerait la perle précieuse, celle qui me rendra riche pour le reste de mes jours ! »

L'ascète s'arrête, ouvre sa besace et en montre le contenu au villageois :

« Tiens, il y a effectivement une grosse boule que je viens de ramasser tout à l'heure sur la grève. Je ne savais pas que c'était une perle rare. Prends-la, elle est à toi ! »

La perle était de la taille d'une orange et du plus bel orient ! Le pêcheur s'en empare et part en dansant, cependant que le saddhu se dirige vers la plage pour y passer la nuit. De son côté dans sa hutte, l'homme se tournait et retournait sur sa couche, incapable de trouver le sommeil. N'y tenant plus, au petit matin il prend la perle et se dirige en hâte vers la grève où l'ascète fait sa prière matinale au soleil :

« Cette perle ne m'a pas donné la richesse que j'attendais ! Reprenez-la et donnez-moi plutôt cette richesse qui vous a permis de me la donner avec un tel détachement »...

Apologue hindou

Mais où est le bonheur ?

Le Royaume des cieux est semblable à un marchand qui recherche de belles perles.
Ayant trouvé une perle de grand prix, il est allé vendre tout ce qu'il avait, et il l'a achetée.

Évangile de Matthieu 13, 45-46

Jésus le dit souvent : il faut oser tout risquer pour le royaume. Celui qui cherche vraiment le bonheur doit se libérer le cœur, pour être apte à l'accueillir : « Il est allé vendre tout ce qu'il avait. » Le bonheur est au terme d'un certain détachement intérieur, d'une certaine libération de l'ego. Il est au-delà des choses. Mais alors personne ne pourra plus nous le ravir.

Le secret du bonheur

Un richissime maharajah vivait dans une fastueuse opulence au sein de son palais. Serviteurs en livrée obéissant à ses moindres désirs, femmes à la beauté merveilleuse l'entourant de mille prévenances, distractions multiples chaque jour renouvelées. Mais malgré tout, il n'était pas heureux.

Il appelle en consultation son collège de brahmanes : « Que faut-il donc faire pour découvrir le bonheur ?

– Hélas ! Sire, personne sur cette terre n'est heureux, répondent les sages en hochant la tête.

– Mais enfin ! il doit bien y avoir dans mes États quelqu'un qui connaisse le secret du bonheur ! »

Les brahmanes baissent la tête sans répondre.

Au bout d'un long temps de silence, un sage au chef blanchissant et tout courbé par les ans se redresse et ose avancer une suggestion : « Sire, si jamais vous rencontrez un homme parfaitement heureux, vous n'aurez qu'à mettre sa chemise. Et vous deviendrez heureux à votre tour… »

Au petit matin le maharajah fait seller son cheval et part incognito sur les routes de son royaume à la recherche de l'homme providentiel. Il questionne sans relâche tous ceux qu'il rencontre. Quelques-uns certes font semblant d'être heureux. Mais au bout de cinq minutes de conversation, cette conviction montre bien vite ses failles : « Je ne m'entends pas avec mon épouse », « Je suis mal dans ma peau », « Je n'ai qu'un petit bien et je ne peux nourrir les miens », « Je m'ennuie affreusement »… Riches ou pauvres, hommes ou femmes, jeunes ou vieillards : personne n'était heureux.

Découragé, plongé dans un abîme de tristesse et de réflexion, le prince s'engage dans une longue promenade solitaire au cœur de la forêt. Il marche longtemps. Lorsque tout à coup se fait entendre dans le lointain comme une douce mélodie, un chant qui va s'amplifiant à mesure qu'il avance jusqu'à emplir toute la clairière. Là, assis à même le sol devant une hutte de branchages, un homme chante à plein poumons tout en modelant un pot de terre. C'est un sannyasi, un renonçant, qui a abandonné le monde pour se consacrer totalement à la recherche du Divin en lui.

« Tu es donc si heureux, que tu chantes ainsi à gorge déployée ?

– Oh oui, parfaitement heureux !

– Alors donne-moi ta chemise ! »

Mais après un long silence, le sage de lui répondre avec un sourire paisible tout en le fixant intensément de son regard transparent et profond : « Ma chemise ? Je te l'aurais donnée volontiers, mais cela fait bien longtemps que je n'en ai plus… »

Légende de l'Inde

Dans l'hindouisme, la véritable réussite de l'homme, son bonheur se réalisent lorsqu'il découvre le caractère trompeur de toute la réalité extérieure, qui est maya, *illusion. Alors, par son renoncement à toutes les choses de la terre, il peut pénétrer le royaume intérieur et accéder à la sagesse, à la sérénité.*

L'eau entre les doigts

Le Bouddha disait :

Le bonheur est comme l'eau entre les doigts. Dès qu'on veut la saisir, elle n'est plus là. Dès qu'on veut la posséder, elle s'échappe.

On ne possède pas les choses : on les tient seulement un instant entre les mains.

Dès qu'on veut les posséder, elles nous possèdent.

Quand on veut s'approprier les choses, on les gâche. Quand on les libère, on en est maître pour toujours.

Si tu veux être heureux, ne t'attache pas aux choses. Alors tu les posséderas.

Enseignements du Bouddha

Tu espères que tu seras heureux dès que tu auras obtenu ce que tu désires ? Tu te trompes. Tu n'en seras pas plutôt en possession, que tu auras les mêmes inquiétudes, les mêmes chagrins, les mêmes dégoûts, les mêmes craintes, jusqu'aux mêmes désirs. Le bonheur ne consiste pas à acquérir et à jouir, mais à ne pas désirer. Car il consiste à être libre.

Épictète, philosophe grec

Jésus et le jeune homme riche

Et voici qu'un homme s'approcha de lui et lui dit : « Maître, que dois-je faire de bon pour avoir la vie éternelle ? » Jésus lui dit : « Pourquoi m'interroges-tu sur le bon ? Unique est celui qui est bon. Si tu veux entrer dans la vie, garde les commandements. » « Lesquels ? », lui dit-il. Jésus répondit : « Tu ne commettras pas de meurtre. Tu ne commettras pas d'adultère. Tu ne voleras pas. Tu ne porteras pas de faux témoignage. Honore ton père et ta mère. Enfin : Tu aimeras ton prochain comme toi-même. » Le jeune homme lui dit : « Tout cela, je l'ai observé. Que me manque-t-il encore ? » Jésus lui dit : « Si tu veux être parfait, va, vends ce que tu possèdes, donne-le aux pauvres, et tu auras un trésor dans les cieux. Puis viens, suis-moi ! » À cette parole, le jeune homme s'en alla tout triste, car il avait de grands biens…

Évangile de Matthieu 19, 16-29

Et il s'en alla, tout triste et malheureux…

Les boisseaux d'or

Il était une fois un ouvrier charpentier connu pour son habileté et sa bonne humeur. Il ne gagnait pas beaucoup d'argent dans son métier, mais il chantait toute la journée.

Un jour qu'il parcourait la forêt à la recherche d'arbres à transformer en beaux meubles, il jeta son dévolu sur un grand chêne centenaire. Il allait lui donner les premiers coups de cognée lorsqu'il entendit tout à coup une voix le supplier :

« Ne m'abats pas et je ferai de toi l'homme le plus riche du pays !

– Comment cela ?

– Veux-tu posséder les sept boisseaux pleins d'or ? Je t'en donnerai le secret !

– Certes oui ! répond le menuisier.

– Eh bien, tu vas les trouver là-bas dans la grotte cachée au milieu du bosquet. »

L'homme se précipite vers l'endroit indiqué, les sept boisseaux sont bien là ! Mais chose étrange, le septième n'est rempli qu'à moitié.

Comment être vraiment heureux avec un boisseau à moitié vide ? Envahi d'une avidité toute nouvelle notre homme retourne à la maison, rassemble ses pièces d'or, les bijoux de sa femme, la bourse de son vieux père... Las ! il a beau vider successivement tout son butin dans le boisseau, celui-ci refuse obstinément de se remplir.

Pour se procurer davantage d'or il travaille alors jour et nuit. Mais le boisseau reste désespérément à moitié vide. De plus en plus possédé par son idée fixe, il demande à son patron une augmentation de salaire. Il vend tout son mobilier, sa vaisselle, il les transforme en belles pièces d'or. Hélas ! il a beau les verser dans le boisseau, celui-ci demeure toujours dans le même état.

À voir si malheureux son ouvrier qui dépérit de jour en jour, le patron l'aborde un beau matin :

« Qu'est-ce qui t'arrive ? Tu chantais tout au long de la journée, j'ai eu beau augmenter ton salaire, tu es encore plus triste et abattu. N'aurais-tu pas trouvé par hasard les sept boisseaux d'or ?

– Comment le savez-vous, Maître ?

– Oh ! Je connais bien cette histoire ! Un jour le lutin de la forêt me les a proposés. Je lui ai demandé si je pouvais dépenser aussitôt l'or. Il n'a rien su me répondre. C'est que cet or est ensorcelé... Quand on s'en empare, il active inexorablement la soif d'en posséder toujours davantage. Alors je ne suis pas allé à la grotte. Toi aussi, crois-moi, n'y retourne plus, n'y pense plus, et tu vas retrouver bien vite ton bonheur perdu. »

Conte de la Forêt Noire

L'argent ne fait pas le bonheur, même s'il y contribue. Alors que la soif de posséder toujours davantage engendre inexorablement le malheur. Se libérer de l'insatiable désir des richesses périssables : telle est la voie du bonheur. C'est la sagesse des nations, celle que nous rappelle ce bon Monsieur de la Fontaine.

Le savetier et le financier

Un savetier chantait du matin jusqu'au soir :
C'était merveilles de le voir,
Merveilles de l'ouïr ; il faisait des passages,
Plus content qu'aucun des septs sages.
Son voisin au contraire, étant tout cousu d'or,
Chantait peu, dormait moins encore.
C'était un homme de finance.
Si sur le point du jour parfois il sommeillait,
Le savetier alors en chantant l'éveillait,
Et le financier se plaignait
Que les soins de la Providence
N'eussent pas au marché fait vendre le dormir,
Comme le manger et le boire.
En son hôtel il fait venir
Le chanteur, et lui dit : « Or ça, sire Grégoire,
Que gagnez-vous par an ? — Par an ? ma foi, Monsieur,
Dit avec un ton de rieur,
Le gaillard savetier, ce n'est point ma manière
De compter de la sorte ; et je n'entasse guère
Un jour sur l'autre : il suffit qu'à la fin
J'attrape le bout de l'année :
Chaque jour amène son pain.
– Eh bien que gagnez-vous, dites-moi, par journée ?
– Tantôt plus, tantôt moins : le mal est que toujours
(Et sans cela nos gains seraient assez honnêtes),
Le mal est que dans l'an s'entremêlent des jours
Qu'il faut chômer ; on nous ruine en fêtes.
L'une fait tort à l'autre ; et Monsieur le curé
De quelque nouveau saint charge toujours son prône. »
Le financier, riant de sa naïveté,
Lui dit : « Je vous veux mettre aujourd'hui sur le trône.
Prenez ces cent écus : gardez-les avec soin,

Pour vous en servir au besoin. »
Le savetier crut voir tout l'argent que la terre
Avait depuis plus de cent ans
Produit pour l'usage des gens.
Il retourne chez lui ; dans sa cave il enserre
L'argent et sa joie à la fois.
Plus de chant ; il perdit la voix
Du moment qu'il gagna ce qui cause nos peines.
Le sommeil quitta son logis,
Il eut pour hôtes les soucis,
Les soupçons, les alarmes vaines.
Tout le jour il avait l'œil au guet ; et la nuit,
Si quelque chat faisait du bruit,
Le chat prenait l'argent : à la fin le pauvre homme
S'en courut chez celui qu'il ne réveillait plus.
« Rendez-moi, lui dit-il, mes chansons et mon somme,
Et reprenez vos cent écus. »

La parabole du semeur

De nouveau, Jésus se mit à enseigner au bord de la mer. Une foule se rassemble près de lui, si nombreuse qu'il monte s'asseoir dans une barque, sur la mer. Toute la foule était à terre face à la mer. Et il leur enseignait beaucoup de choses en paraboles. Il leur disait dans son enseignement :

« Écoutez. Voici que le semeur est sorti pour semer.

Or, comme il semait, du grain est tombé au bord du chemin ; les oiseaux sont venus et ont tout mangé. Il en est aussi tombé dans un endroit pierreux où il n'avait pas beaucoup de terre ; il a aussitôt levé parce qu'il n'avait pas de terre en profondeur ; quand le soleil fut monté, il a été brûlé et, faute de racines, il a séché. Il en est aussi tombé dans des épines ; les épines ont monté, elles l'ont étouffé, et il n'a pas donné de fruit. D'autres grains sont tombés dans la bonne terre et, montant et se développant, ils donnaient du fruit, et ils ont rapporté trente pour un, soixante pour un, cent pour un. » Et Jésus disait : « Qui a des oreilles pour entendre, qu'il entende ! »

Évangile de Marc 4, 1-9

La semence ne peut grandir et porter ses fruits si elle est étouffée par les ronces des richesses quand celles-ci encombrent le Royaume intérieur. C'est ce qu'explique par la suite Jésus à ses disciples quand il les prend à part pour leur commenter sa parabole :
« La semence qui tombe au milieu des épines, c'est lorsque surviennent les soucis du monde, les illusions de la richesse et tous les autres désirs chez ceux qui ont écouté la parole. Ils l'étouffent et la Parole reste stérile » (évangile de Marc 4, 18-19).

« Je ne fais que passer... »

Un rabbin vénéré de ses disciples vivait très sobrement dans un logement des plus rudimentaires. Vint lui rendre visite un bourgeois cossu de la ville voisine, qui s'étonna à haute voix de voir le rabbin logé dans une pièce meublée en tout et pour tout d'une table, d'un tabouret et d'une paillasse :

« Mais où sont donc vos meubles ? lui demande-t-il tout surpris.

– Et où sont les vôtres ? répond le rabbin.

– Voyons... je suis seulement en visite... je ne fais que passer !

– Et moi aussi », de répondre paisiblement le rabbin en le fixant de ses yeux souriants.

Parabole juive

Un linceul n'a pas de poche.

Proverbe populaire

Diogène et les lentilles

On raconte qu'un jour le philosophe Diogène était en train de manger des lentilles pour souper. Il fut aperçu par le philosophe Aristippe, qui menait une existence confortable, parce qu'il adulait le roi.

Aristippe lui dit : « Si tu apprenais à ramper devant le roi, tu n'en serais pas à te sustenter de déchets comme ces lentilles. »

Diogène lui répondit : « Si tu avais appris à te sustenter avec des lentilles, tu n'aurais pas à aduler le roi. »

Apologue grec (R. Poletti)

Émonder l'ego

L'ego, le mental, ce sont ces parties du moi qui le referment sur lui et empêchent sa pleine croissance. Ce sont, en nous, les désirs des choses qui vont contre le désir de l'Être.

Il nous faut sans cesse dégager la source de ce désir en nous pour qu'il ne s'épuise pas en mille ruisseaux ou ne se perde dans les marécages. Il nous faudrait libérer notre cœur de l'insatiable soif des choses qui éteint la soif de l'Être.

« Il te faut émonder ton ego, disait le maître Jésus en employant une autre comparaison, comme on émonde la vigne pour qu'elle porte davantage du fruit : en laissant place libre à la montée de la sève, de la vie divine en nous. »

La vigne et les sarments

Je suis la vraie vigne et mon Père est le vigneron. Quand une branche en moi ne porte pas de fruit, il l'enlève ; quand une branche donne du fruit, il la taille et la nettoie pour qu'elle en porte davantage.

Une branche ne pourra pas donner de fruits par elle-même si elle ne reste pas sur la vigne ; ce sera pareil pour vous si vous ne restez pas en moi.

Je suis la vigne et vous êtes les branches. Sans moi vous ne pouvez rien faire, mais celui qui demeure en moi et moi en lui, porte beaucoup de fruits.

Si quelqu'un ne demeure pas en moi, il est jeté dehors et il se dessèche, comme les branches qu'on met en tas : on les jette au feu et elles brûlent.

Mon père est glorifié quand vous portez beaucoup de fruits : c'est alors que vous êtes mes disciples.

Évangile de Jean 15, 1-8

Le bonheur est dans la libération du mental

Sur la grande place d'Athènes, le marché offrait ses étals débordant de tous les produits du sol, de toutes les productions de l'art des orfèvres, de la science des artisans en vêtements et en chaussures, de l'ingéniosité des tapissiers et des ébénistes.

Le philosophe Socrate, pieds nus comme toujours et vêtu de sa vieille et unique toge, se promenait de l'un à l'autre, l'œil intéressé et charmé par ces richesses et ces beautés. Un de ses disciples l'aborde, étonné :

« Comment toi, Maître, qui nous enseignes la frugalité de la vie et la limitation des désirs, t'intéresses-tu au marché de l'Agora, à ces richesses tentantes, à tous ces biens, à toutes ces possessions ?

– C'est parce que j'aime y découvrir la quantité de choses sans lesquelles je peux vivre heureux. »

Apologue de l'Orient

Le sutra de la grande sagesse

Toutes les choses qui ont une forme
vont nécessairement vers leur perte.
Ainsi la fleur, l'homme, le temple.
Quant aux choses qui n'ont pas de forme,
comme le ciel vide et le firmament,
elles sont à jamais, hors du monde des destructions.
Le cœur qui a rejeté le monde des formes,
le cœur qui s'est détaché de tout ce qui change,
voilà le cœur vide.
Comme le grand ciel bleu,
le cœur vide n'a ni limite ni fin,
il n'augmente ni ne diminue.
Parce qu'il se détache de tous les êtres
de ce monde qui va à sa perte,
il n'hésite pas à vivre sa vie,
il n'a aucune crainte d'échouer,
il est tout simplement à mille lieues de toutes les craintes.
Comme des gouttes de soleil reposant sur de jeunes feuilles
enveloppent et nourrissent le monde alentour,
le cœur vide pardonne et nourrit tous les êtres autour de lui.
C'est une lumière sans limite,
un plaisir sans borne,
un bonheur sans soi.
Ô cœur simple et plein de joie !
Ô cœur simple qui bat chaleureusement !

Poème du maître zen Hidemi Ogasawara

Le zen (« méditation » en japonais) est né en Chine de la rencontre entre la sagesse traditionnelle du tao chinois et le bouddhisme, vers le IVe siècle. C'est une sagesse et un art de vivre.

« Là où est ton trésor, là est ton cœur » (Jésus).

Flotter à la surface du monde sans s'y engloutir

Un aspirant à la sagesse peut être dans le monde comme un bateau sur l'eau. Mais si le monde est dans l'aspirant et l'eau dans le bateau, les deux sombreront.

Un bateau flotte sur l'eau sans y être attaché. Si le bateau se remplit d'eau, il sombrera. Un aspirant à la sagesse est dans le monde, mais le monde ou les désirs n'ont pas besoin d'être en lui. Si le monde remplit son esprit, l'aspirant sombrera, exactement comme un bateau rempli d'eau. Un aspirant devrait flotter à la surface du monde, sans créer d'attachements.

Aphorismes de Baba Hari Dass

Baba Hari Dass était un sage indien qui garda le silence pendant trente-quatre ans. Pour communiquer, il écrivait sur une ardoise.
Il disait aussi :

S'asseoir en silence ne sera jamais perdu ;
un jour, vous récolterez une moisson de paix.

Mais le vieil ego, le vieil homme est si enraciné qu'il résiste farouchement... jusqu'au moment de la mort.

La modestie du vieux rabbin

Un vieux rabbin était au lit, malade, et ses disciples causaient à voix basse à son chevet. Ils exaltaient ses vertus sans pareilles.

« Depuis l'époque de Salomon on n'a connu aussi sage que lui », dit l'un d'eux. « Et sa foi ! Elle égale celle de notre père Abraham ! », dit un autre. « Pour sûr, sa patience rivalise avec celle de Job », dit un troisième. « Seul Moïse a conversé de façon aussi intime avec Dieu », ajouta un quatrième.

Le rabbin sembla agité. Quand les disciples furent partis, sa femme lui demanda :

« Les as-tu entendus chanter tes louanges ?

– Oh oui, dit le rabbin.

– Alors, pourquoi es-tu si agacé ?

– Ma modestie, gémit le rabbin. Personne n'a mentionné ma modestie. »

Il était vraiment saint, celui qui a dit : « Je ne suis que quatre murs nus – sans rien dans l'intervalle. » Personne ne saurait se trouver plus rempli.

Parabole juive (A. De Mello)

La musique a besoin des trous de la flûte ; les lettres ont besoin du blanc de la page ; la lumière a besoin du vide appelé fenêtre ; la sainteté a besoin de l'absence du moi.
Oui... Le vieil ego demeure indéracinable. Peut-être vaut-il mieux savoir le reconnaître ; reconnaître ses limites, son péché, comme le publicain de la parabole de Jésus.

Le pharisien et le publicain

Jésus dit une parabole pour certains hommes qui étaient convaincus d'être justes et qui méprisaient tous les autres : « Deux hommes montèrent au Temple pour prier. L'un était pharisien, et l'autre, publicain. Le pharisien se tenait là et priait en lui-même : "Mon Dieu, je te rends grâce parce que je ne suis pas comme les autres hommes : voleurs, injustes, adultères, ou encore comme ce publicain. Je jeûne deux fois par semaine et je verse le dixième de tout ce que je gagne." Le publicain, lui, se tenait à distance et n'osait même pas lever les yeux vers le ciel ; mais il se frappait la poitrine, en disant : "Mon Dieu, prends pitié du pécheur que je suis !" Quand ce dernier rentra chez lui, c'est lui, je vous le déclare, qui était devenu juste, et non pas l'autre. »

Évangile de Luc 18, 9-14

Et il repartit, le cœur plein de joie... Mais attention, là encore, de ne pas glisser dans l'enflure du moi, dans le pharisaïsme du publicain. Où ne va-t-il pas nicher ! Comme nous le conte ce petit apologue de l'islam...

À la mosquée

Dans la mosquée, l'ayatollah inclinait en gémissant son buste, disant : « Aie pitié de moi, ô Miséricordieux, je ne suis qu'un pécheur ! »

Un mollah qui lisait pieusement le Coran près de l'entrée, édifié par l'exemple de ce maître en sainteté, alla s'agenouiller humblement derrière l'ayatollah. Et il se frappait la poitrine en disant bien haut, à son tour : « Ô Allah, aie pitié de moi, je ne suis qu'un pécheur ! »

Le gardien qui balayait la mosquée, bouleversé par de tels exemples d'humilité, se précipita à son tour à genoux à distance respectueuse : « Ô Dieu très bon, aie pitié de moi qui ne suis qu'un pécheur ! »

L'ayatollah se retourne alors, le sourcil courroucé, vers le mollah : « Non mais, regarde-le... le voilà qui se prend pour un pécheur ! »

Parabole d'Iran

TV
LA

Le soleil verse sa lumière et sa chaleur sur le monde entier, mais il ne peut empêcher un nuage d'intercepter ses rayons.

De même, tant que l'égoïsme enveloppe votre cœur, Dieu ne peut y faire briller sa lumière. Et le bonheur ne peut l'habiter.

Il est difficile de se défaire de son égoïsme. Le bol dans lequel on a conservé du suc d'ail ou d'oignon en retient l'odeur pénétrante, serait-il lavé cent fois.

De même, il reste toujours en nous quelque trace de notre égoïsme.

Enseignements de Ramakrishna, sage hindou

Un homme a vécu le bonheur plénier qui naît de la dépossession des choses : François, le fils du riche marchand drapier d'Assise, le Poverello.

Le beau cheminement de la stricte observance en l'amour de la très sainte pauvreté

Si tu veux devenir parfait, ami
Va, vends tout ce qui te possède
Et le donne aux pauvres.

Et puis, marche.

Tu ne prendras rien pour la route.
Nus, tes pieds, pour la poussière des chemins,
Tondu, ton chef, pour la morsure du soleil,
Pour la caresse de la lune,
Pour le baptême de la pluie
Et la confirmation du vent.

Et la récompense humaine de ces jours,
Qui sont les jours du pauvre dans les villes,
Elle sera de t'en aller,
Au temps de la moison et des vendanges,
Louer tes bras durs
Au maître heureux d'un beau terroir
Pour te réjouir en la joie de la terre
Quand on l'accouche, en chantant, de son fruit.

Elle sera de t'asseoir avec les garçons et les filles
Devant la soupe chaude et devant le vin frais,
Et de leur chanter ton Seigneur
En mangeant et buvant avec eux
Sous la lune et sous les étoiles.

Et la récompense divine de tes jours,
Lorsque ton corps aura fini
Son enivrante et douloureuse tâche,
La récompense divine de tes jours,
Je ne puis, ami, te la dire,
Car devant elle, voici
Que s'évanouit de douceur,
Sur mes lèvres, toute parole d'homme.

Il n'y a pas de vocabulaire, ami,
Qui ne recule devant elle.
Il n'y a même pas de chant, ami,
Pour dire l'éternité de joie en l'ineffable,
Offerte à qui marcha sa vie dans le chemin de
très pure
très sainte
et très joyeuse pauvreté

Léon Chancerel

Les Béatitudes

C'était il y a deux mille ans...
Jésus, parcourant toute la Galilée, enseignait dans les synagogues, proclamait la Bonne Nouvelle du Règne et guérissait toute maladie et toute infirmité parmi le peuple.

À la vue des foules, Jésus monta dans la montagne. Il s'assit et ses disciples s'approchèrent de lui. Et, prenant la parole, il les enseignait :
Heureux les pauvres de cœur : le Royaume des cieux est à eux.
Heureux les doux : ils auront la terre en partage.
Heureux ceux qui pleurent : ils seront consolés.
Heureux ceux qui ont faim et soif de la justice : ils seront rassasiés.
Heureux les miséricordieux : il leur sera fait miséricorde.
Heureux les cœurs purs : ils verront Dieu.
Heureux ceux qui font œuvre de paix : ils seront appelés fils de Dieu.
Heureux ceux qui sont persécutés pour la justice : le Royaume des cieux est à eux.

Évangile de Matthieu 4, 23-25 ; 5, 1-10

Les béatitudes du poète

Bienheureux le pauvre au seuil des festins :
Les palais de Dieu lui sont fraternels !
Bienheureux le monde où l'argent n'est rien :
Les trésors de Dieu seront éternels !
Bienheureux les yeux qui cherchent le jour :
La splendeur de Dieu demain brillera !
Bienheureux le cœur assoiffé d'amour :
L'océan de Dieu pour lui jaillira !
Bienheureux les cris au fond des prisons :
La Cité de Dieu résonne de joie !
Bienheureux le sang des martyrs sans nom :
Le jardin de Dieu fleurit de leur foi !
Bienheureux les bras ouverts au pardon :
La bonté de Dieu reçoit leur espoir !
Bienheureux l'enfant dans son abandon :
car la main de Dieu ne peut décevoir !
Bienheureux le nom du juste opprimé :
La pitié de Dieu sera sans défaut !
Bienheureux le corps qui n'a pas compté :
Car l'amour de Dieu veille à son corps !

« Heureux les pauvres de cœur »

Le bonheur n'est pas dans la possession des choses. Sinon elles nous possèdent. Les maîtres spirituels l'ont dit et redit. Dans leurs enseignements et dans leurs gestes symboliques.

Les deux diamants

Un maître soufi était assis en méditation sur le bord d'un torrent. Vint à lui un sien disciple, de haute lignée, qui se prosterna les yeux brillants de vénération et de fierté. Il dépose aux pieds du maître deux gros diamants scintillants de tous leurs feux au soleil levant : les plus beaux bijoux de sa cassette princière.

Le maître saisit un gemme et le pose nonchalamment sur sa main pour en admirer l'éclat mais avec un tel détachement qu'il laisse tomber la pierre sur le sol. Celle-ci roule et disparaît dans la vasque tourbillonnante du cours d'eau.

Aussitôt le disciple se précipite. Il plonge, plonge sans relâche, prenant juste le temps d'une respiration, pour récupérer le joyau. Hélas ! sans succès. Remontant sur la berge tout ruisselant, il implore le maître qui, lui, s'est remis paisiblement en méditation :

« Indique-moi au moins à quel endroit il est tombé, que je reprenne ma recherche pour te le rapporter ! »

Et le maître de prendre l'autre pierre et de la jeter dans le tourbillon d'écume :

« C'était très précisément ici... »

Apologue de l'islam

C'est que l'on n'est jamais privé de ce à quoi on n'a pas attaché son cœur.

Le voleur converti

C'était à Rikisheh, au pied des Himalayas. On venait y vénérer un yogi renommé pour son ascétisme et sa pauvreté. De fait, hormis le *dhoti* qui lui ceignait les reins, il ne possédait rien, à l'exception, chose étrange, d'une écuelle d'or, cadeau d'un maharajah de ses amis.

Il s'apprêtait à aller dormir dans sa grotte quand il aperçoit un voleur caché derrière un bloc de rocher :

« Viens ! l'interpelle-t-il, prends déjà mon bol, sinon tu vas me réveiller quand je serai endormi. »

Le lendemain le voleur revient avec l'écuelle et une prière :

« J'ai compris, quand j'ai eu le bol entre les mains, que j'étais en fait plus pauvre que vous. Prenez-moi comme votre disciple. Enseignez-moi comment acquérir la sagesse du dedans qui vous a fait donner votre écuelle en or avec un tel détachement de cœur. »

Conte hindou

Heureux ceux qui ont un cœur d'enfant

Les disciples se disputaient pour savoir qui serait le plus grand dans le Royaume des cieux. Jésus prend alors un enfant et leur dit : « Si vous ne redevenez pas des enfants, vous n'entrerez pas dans le Royaume des cieux. »

Évangile de Matthieu 18, 3

« C'est l'enfant qui est plein et c'est l'homme qui est vide », disait le poète. L'enfant est naturellement plein de la joie de vivre parce que son cœur est simple et transparent : innocent. Il ne connaît pas l'enflure de l'ego, de l'homme arrivé qui s'enorgueillit prétentieusement de sa science, de ses diplômes, de ses succès, de ses relations : de son « expérience », disait Charles Péguy.

Ils amassent de l'expérience ! Singulier trésor !

Ils s'emplissent d'expérience, disent-ils ; ils gagnent de l'expérience ; ils apprennent la vie ; de jour en jour ils amassent de l'expérience. Singulier trésor, dit Dieu.
Trésor de vide et de disette.
Trésor de la disette des sept années, trésor de vide et de flétrissure et de vieillissement.
Trésor de rides et d'inquiétudes.
Trésor des années maigres. Accroissez-le,
ce trésor, dit Dieu. Dans ces greniers vides
Vous entasserez des sacs vides
D'une Égypte vide.
Vous accroissez le trésor de vos peines et de vos misères,
Et les sacs de vos soucis et de vos petitesses.
Vous acquérez de l'expérience, dites-vous, vous accroissez votre expérience.

Vous allez toujours en descendant, dit Dieu, vous allez toujours en diminuant, vous allez toujours en perdant.
Vous allez toujours en pente. Vous allez toujours en vous flétrissant et en vous ridant et en vieillissant.
Et vous ne remonterez jamais cette pente.
Ce que vous nommez l'expérience, votre expérience, moi je le nomme
La déperdition, la diminution, le décroissement, la perte de l'espérance.

Car je le nomme la déperdition prétentieuse,
La diminution, le décroissement, la perte de l'innocence.
Et c'est une dégradation perpétuelle.

Or c'est l'innocence qui est pleine et c'est l'expérience qui est vide.
C'est l'innocence qui gagne et c'est l'expérience qui perd.

C'est l'innocence qui est jeune et c'est l'expérience qui est vieille.
C'est l'innocence qui croît et c'est l'expérience qui décroît.

C'est l'innocence qui naît et c'est l'expérience qui meurt.
C'est l'innocence qui sait et c'est l'expérience qui ne sait pas.

C'est l'enfant qui est plein et c'est l'homme qui est vide.
Vide comme une courge vide et comme un tonneau vide :

Voilà, dit Dieu, ce que j'en fais, de votre expérience.

Allez, mes enfants, allez à l'école.
Et vous, hommes, allez à l'école de la vie.
Allez apprendre
À désapprendre...

... à désapprendre l'enflure de l'ego.

Un regard positif

Avoir un regard positif

Dans la vie, il y a le bon et le moins bon. C'est notre regard qui fait le tri, comme le coup d'œil expérimenté du pêcheur séparant les bons poissons des mauvais. C'est cela, le regard positif.

Le filet

Jésus disait : « Voici une autre image du Royaume des cieux. Un filet a été jeté dans la mer et il y ramasse n'importe quoi.

Quand il est plein, on le ramène sur le rivage et on s'assied pour mettre ce qui est bon dans des paniers. Et ce qui n'est pas bon, on le rejette. »

Évangile de Matthieu 13, 47-48

Les deux marchandes

C'est l'histoire, en Chine, d'une vieille dame qui pleurait, qui gémissait, soupirait, sanglotait à chaudes larmes à longueur de temps.

Son entourage l'envoie visiter un maître de tao. Celui-ci, débonnaire, lui demande d'expliquer son problème.

« Voilà, dit-elle, j'ai deux filles. Et je suis toujours inquiète pour elles. La cadette est marchande de parapluies, l'aînée est marchande de chaussures de toile. Quand il pleut, je pense que cette dernière ne peut rien vendre et risque la ruine ; et quand il fait beau, je pense à ma petite vendeuse de parapluies qui court à la faillite.

– La résolution de votre problème est simple, répondit alors le maître de tao : quand il pleut, pensez au contraire que votre fille cadette vend ses parapluies ; et quand il fait beau, que l'aînée écoule son stock de chaussures. »

Depuis ce jour-là, la vieille dame, quel que soit le temps qu'il fait, rit et sourit.

Conte taoïste de Chine

Le tao désigne, dans l'enseignement attribué à Lao-Tseu (VIe siècle avant Jésus Christ), la voie, l'ordre, la totalité du monde, mais aussi la doctrine proposant la voie à suivre.
Savoir discerner le positif dans le négatif, savoir laisser pousser le bon et le moins bon dans notre vie jusqu'à la moisson : c'est un des secrets du bonheur.

Le blé et la mauvaise herbe

Jésus leur présenta une autre parabole. Il leur dit : « Voici une image du Royaume des cieux. Un homme a semé dans son champ de la bonne semence.

Pendant que les gens dormaient, l'ennemi est venu et a semé la mauvaise herbe au milieu du blé, puis il est parti.

Quand le blé en herbe a donné la tige et le grain, les mauvaises herbes aussi sont apparues. Alors les serviteurs du maître de maison sont allés le trouver pour lui dire : "Seigneur, n'est-ce pas de la bonne semence que tu as semée dans ton champ ? Et d'où viennent ces mauvaises herbes ?" Lui leur dit : "C'est un ennemi qui a fait cela."

Alors les serviteurs lui demandent :

"Veux-tu que nous allions les ramasser ?"

Mais il leur dit : "Ne le faites pas ; en ramassant les mauvaises herbes vous pourriez aussi arracher le blé. Laissez-les donc grandir ensemble jusqu'à la moisson." »

Évangile de Matthieu 13, 24-30

La rose et le fumier

Le nénuphar est une fleur d'eau. Il perce la surface de l'eau et s'étale au-dessus d'elle, comme s'il l'avait dépassée. Mais c'est une illusion. Pour émerger et fleurir, il doit prendre racine dans la boue. Le nénuphar ne fleurit qu'enraciné dans sa boue. C'est la boue qui permet à la fleur d'éclore et d'éclater. La lumière se nourrit en quelque sorte de l'ombre.

Plusieurs voudraient n'être qu'une fleur et oublier leurs racines. Comme un ballon qui s'enfuirait d'une terre indésirable. Ils veulent vivre comme des anges. Pascal disait qu'en voulant faire l'ange, on montrait sa bêtise.

Pour devenir une rose, il faut accepter de tremper dans son fumier. Non seulement faut-il y tremper mais se rappeler constamment le fumier dont on tire subsistance et croissance.

La rose a besoin de fumier, le lys d'eau a besoin de la boue pour fleurir. Tout ce qui est négatif en nous ne l'est que parce qu'on le sépare du positif. En ce sens, le pôle négatif d'un aimant n'est pas négatif, pas plus que le positif n'est positif – les deux sont simplement nécessaires pour qu'il y ait électricité. Car c'est le mental qui sépare l'ange de la bête, le nénuphar de la boue, la rose de son fumier, c'est lui qui empêche la croissance. La compassion de la vie en nous tolère toutes sortes de faiblesses, d'irrégularités et d'imperfections, car la croissance se fait à travers des aménagements continuels, des improvisations, des changements de cap incessants, des blessures guéries dans l'acceptation.

Le fumier fait partie de la fleur. Il est un chaînon dans le don de la vie qui passe de la nuit à la lumière. C'est par le fumier que la rose parvient à sa plénitude.

La fleur, c'est le fumier qui a été aimé.

P. Gaboury

Dieu lui-même, des plus petites choses, sait tirer des grandes, et de nos défauts, de nos limites, des choses merveilleuses. Car sur chacun de nous, il a un regard positif.

Dieu ? un bricoleur de génie !

Dieu est un bricoleur de génie.

Avec un couple stérile, Abraham et Sara, il engendre un peuple.

Avec un bègue, Moïse, il fait un prophète.

Avec un petit berger, David, il anéantit les tyrans.

Avec un homme trompé, Osée, il crie sa fidélité.

Avec une femme légère, il évangélise la Samarie.

Avec des lâches, il invente les apôtres.

D'un renégat, il fait le premier pape.

Un chef de commando de ratissage antichrétien devient Paul, amoureux de Dieu.

D'un blouson doré, bourré d'argent et de vanité, il nous fait un François d'Assise.

Dieu choisit ce qui est faible pour confondre la sagesse des sages.

Heureux celui qui croit que chaque être humain, même le plus vil, est invité à partager l'intimité de Dieu pour toujours.

Stan Rougier

Cultiver la joie de vivre

Toute vie comporte naturellement des moments de joie, d'instants privilégiés où un sentiment de bien-être et de force nous enveloppe dans son indéfinissable qualité, comme un étonnement d'être, des heures où l'univers semble à notre portée, où les autres nous accueillent avec confiance...

Aussi pourrait-on penser que le bonheur est un cadeau de l'existence et que la seule chose à faire est d'attendre que la chance nous sourie. Mais voilà, ces instants sont rares, et l'homme ne peut faire dépendre son bonheur de telles circonstances aléatoires et hypothétiques. Comment multiplier ces instants de joie et de bonheur ?

Jean Brun

Heureux celui qui sait découvrir le côté lumineux de toute chose.

La lézarde

Dans tous les murs, il y a une lézarde ; dans toute lézarde, très vite, il y a un peu de terre ; dans cette terre, la promesse d'un germe fragile ; il y a l'espoir d'une fleur et, dans cette fleur, la certitude ensoleillée d'un pétale de bonheur.

Oui, le bonheur est en germe même dans les murs les plus hostiles.

Le bonheur peut naître d'une fissure, d'une rupture, d'un abandon. Il peut naître aussi d'une ouverture, d'un mouvement ou d'un élan de tendresse. Le bonheur a de multiples visages.

D'après Jacques Salomé

Le bonheur au masculin et féminin

L'homme et la femme ne donnent pas le même sens au mot bonheur, ils s'en font une idée différente, de sorte que beaucoup de conflits psychologiques, chez la femme, comme chez l'homme, proviennent du fait que les routes du bonheur masculin et du bonheur féminin ne sont pas parallèles.

Le bonheur de la femme présente un caractère immédiat et concret, il ne peut être différé sans souffrance : tandis que le bonheur de l'homme présente un caractère plus lointain, en quelque sorte négatif et abstrait.

L'homme éprouve la sensation de bonheur tant que les choses vont à son gré, marchent à son idée.

La femme est heureuse par l'amour manifesté, par la tendresse. Elle est faite pour se charger du bonheur positif du couple. L'homme recherche instinctivement une femme qui possède l'art d'être heureuse et qui, par son propre bonheur, soit capable de lui apporter la joie de vivre.

La femme est heureuse lorsque l'homme qui l'aime et la comprend se mêle à sa vie intime en faisant jouer le clavier émotionnel et sentimental qui témoigne de la sensibilité affective féminine.

La femme peut atteindre le bonheur qu'elle souhaite, à la condition de ne pas demander à l'homme l'impossible, de ne pas oublier que le bonheur masculin a toujours quelque chose de cérébral, et que c'est à l'ardeur contenue que l'on reconnaît, chez l'homme, le véritable amour.

Jean Brun

Libérer nos potentialités créatrices et penser positif

Nous avons tous au plus profond de nous-mêmes une force intérieure, d'une puissance souvent insoupçonnée, avec laquelle nous pouvons nous harmoniser, et dont l'action peut métamorphoser notre vie. Le principe de base est simple : plutôt que de changer le monde, il s'agit d'apprendre à changer notre regard sur le monde, sur les êtres, les choses et les événements qui composent notre vie.
C'est une véritable cure de désintoxication mentale qu'il nous faut en engage, pour apprendre à penser positif, c'est-à-dire en fait pour devenir le créateur que chacun de nous est potentiellement. Car la pensée positive va beaucoup plus loin que l'affirmation pure et simple de paroles bienfaisantes et rassurantes. Elle fait appel aux facultés créatrices enfouies au plus profond de chacun, pour apprendre à construire sa vie au lieu de la subir, même et surtout au moment des crises douloureuses que tous les individus traversent.
Ainsi, ces phrases positives, ces pensées créatrices, seront autant de petites lumières qui illumineront votre vie, et celles de vos proches.

Des pensées positives...

« Tout comme le Soleil céleste illumine chaque jour notre Terre, de même le Soleil qui est en mon cœur illumine chaque jour ma vie »

... idéale pour se réchauffer et s'harmoniser...

« Chaque jour est pour moi un jour nouveau, et chaque jour me rend plus réceptif, plus harmonieux et plus fort. Je reçois chaque jour la vie, la Lumière, et l'Amour »

pour se réconcilier avec la vie...

« Ma vie est un chant d'amour pour toutes les créatures vivantes, et mon chant exprime la joie, la paix et la bonté cosmique dont je suis l'instrument »

pour remercier...

L. Hecquet

Ne blâme pas Dieu
D'avoir créé le tigre.
Remercie-le plutôt
De ne pas lui avoir donné
Des ailes.

Sagesse hindoue

Qui veut faire quelque chose
Trouve un moyen.
Qui ne veut rien faire
Trouve une excuse.

Proverbe arabe

Un parti pris d'optimisme

Il y a des trains qui arrivent à l'heure.
Il y a des écoliers heureux, des étudiants aussi.
Il y a des gens qui travaillent avec plaisir – ceux qui ont du travail.
Il y a des chercheurs qui trouvent.
Il y a des gens des villes qui aiment les vacances en Bretagne.
Il y a des paysans qui joignent les deux bouts et des commerçants qui gardent le sourire.
Il y a des fonctionnaires dévoués au bien public et des bénévoles qui emploient leur temps libre à l'entraide.
Il y a des gendarmes paisibles et des agents de police courtois.
Il y a des militaires pacifiques et des soldats qui ne s'ennuient pas.
Il y a des entreprises qui marchent.
Il y a des comédies qui finissent bien, des films qui ne sont pas noirs et des romans qui ne poussent pas au suicide.
Il y a du soleil de temps en temps.

J. Planchais

Méfiez-vous des rêves de jeunesse, ils finissent toujours par se réaliser.

Gœthe

Qui s'assied au fond d'un puits pour contempler le ciel, le trouvera petit.

Han Ya, IXe siècle

Aucun cactus n'est à ce point couvert d'épines qu'il n'ait de place pour une fleur.

Sagesse arabe

Un exercice pratique...

– Asseyez-vous ou allongez-vous confortablement dans un endroit calme et paisible.
– Fermez les yeux et prenez cinq longues respirations profondes. Sentez votre corps se détendre progressivement, et en expirant laissez partir vos tensions et vos soucis.
– Puis, respirez naturellement, et concentrez-vous sur la lumière et la chaleur qui entrent en vous. Remplissez votre cœur de cette chaleur et répandez-la dans tout votre corps. C'est une sensation joyeuse et agréable.
– Quand votre cœur se sent aussi lumineux que le soleil, laissez cette lumière intérieure se diffuser dans l'air autour de vous.
– Vous êtes empli et entouré de lumière. Restez dans cette sensation aussi longtemps que vous le voudrez.

Il n'y a personne qui soit né sous une mauvaise étoile.
Il n'y a que des gens qui ne savent pas lire le ciel.

Dalaï-Lama

Et si le désert
n'était que poussière
de ciel détruit ?

E. Jabès

C'est beau la vie

Le vent dans mes cheveux blonds
Le soleil à l'horizon
Quelques mots d'une chanson,
Que c'est beau, c'est beau la vie !

Un oiseau qui fait la roue
Sur un arbre déjà roux
Et son cri par-dessus tout,
Que c'est beau, c'est beau la vie !

Tout ce qui tremble et palpite,
Tout ce qui lutte et se bat,
Tout ce que j'ai cru trop vite,
À jamais perdu pour moi...
Pouvoir encor regarder
Pouvoir encor écouter
Et surtout pouvoir chanter :
Que c'est beau, c'est beau la vie !

Le jazz a ouvert dans la nuit
Sa trompette qui nous suit
Dans une rue de Paris,
Que c'est beau, c'est beau la vie !

La rouge fleur éclatée
D'un néon qui fait trembler
Nos deux ombres étonnées,
Que c'est beau, c'est beau la vie !

Tout ce que j'ai failli perdre,
Tout ce qui m'est redonné,
Aujourd'hui me monte aux lèvres
En cette fin de journée

Pouvoir encor partager
Ma jeunesse et mes idées
Avec l'amour retrouvé,
Que c'est beau, c'est beau la vie !

Pouvoir encor te parler,
Pouvoir encor t'embrasser,
te le dire et le chanter :
Que c'est beau, c'est beau la vie !

Paroles de C. Delecluse et M. Senlis, musique de J. Ferrat, chanson créée pour Isabelle Aubret

Béni soit l'homme qui met sa confiance dans le Seigneur, dont le Seigneur est l'espoir. Il sera comme un arbre planté au bord des eaux, qui étend ses racines vers le courant : il ne craint pas la chaleur quand elle vient, et son feuillage reste vert ; il ne redoute pas une année de sécheresse, car elle ne l'empêche pas de porter du fruit.

Livre du prophète Jérémie 17, 7-8

Savoir relativiser...

Car être heureux, c'est aussi ne pas prendre au tragique les choses de peu d'importance. Et c'est sagesse, comme le racontait avec humour un maître zen, Taisen Deshimaru.

Un bol ? Du vide !

Le maître rinzai Ikkyu, qui vécut il y a trois ou quatre siècles environ, était alors un tout jeune moine dans un temple zen où vivait aussi son frère ; un jour, ce dernier fit tomber un bol de cérémonie du thé, qui se brisa. Ce bol était d'autant plus précieux qu'il avait été offert par l'empereur. Le chef du temple le réprimanda sévèrement, ce qui fit pleurer le petit moine.

Mais Ikkyu lui dit de ne pas s'inquiéter :

« J'ai de la sagesse. Je peux trouver une solution. »

Il ramassa les morceaux de céramique, qu'il mit dans sa manche de kolomo, et alla se reposer dans le jardin du temple, attendant paisiblement que le maître revînt. Dès qu'il l'aperçut, il alla à sa rencontre et lui proposa un mondo, une énigme :

« Maître, les hommes nés en ce monde, meurent-ils ou ne meurent-ils pas ?

– Ils meurent certainement, répondit le maître. Le Bouddha lui-même est mort.

– Je comprends, dit Ikkyu, mais pour ce qui est des autres existences, les minéraux ou les objets sont-ils eux aussi destinés à mourir ?

– Bien sûr, répondit le maître. Toute chose ayant forme doit nécessairement mourir, quand le moment est venu.

– Je comprends, dit Ikkyu. En somme, comme tout est périssable, on ne devrait pas avoir à pleurer ni à regretter ce qui n'est plus, ni à se fâcher contre la destinée.

– Non, bien sûr ! Où veux-tu en venir ? » questionna le maître.

Ikkyu sortit alors de la manche de son kolomo les débris du bol qu'il présenta à son maître. Celui-ci en resta bouche bée.

Conte zen

La pâquerette

Un citadin, qui avait pris sa retraite à la campagne, était particulièrement fier de la splendide pelouse qu'il avait plantée avec amour devant sa maison. Mais à chaque printemps des pâquerettes s'obstinaient à pousser de loin en loin sur le tapis vert auquel il donnait pourtant tous ses soins jaloux. Et chaque année cela l'irritait fort et gâchait son bonheur. Il tenta toutes les méthodes connues pour les empêcher de pousser. Hélas ! sans succès. À bout de recherches et d'essais infructueux, il écrivit à un laboratoire agricole renommé : « Voici tout ce que j'ai tenté. Que puis-je faire maintenant ? »

La réponse arriva sans tarder : « Apprenez à les aimer. »

Sois heureux de ce que tu es

Le tailleur de pierre

C'était un tailleur de pierre, gai luron et joyeux drille qui passait sa journée à chanter tout en débitant les blocs de pierre de la carrière. On le mandait parfois pour restaurer quelque vieille demeure. Or un jour, le seigneur du village l'envoya quérir pour réparer les degrés usés du perron d'entrée de son château. À la vue de cette demeure cossue, pimpante et confortable, il sentit monter en lui une bouffée d'envie : « Si j'étais propriétaire d'un tel château, je serais le plus heureux des hommes ! Je serais riche et je n'aurais plus besoin de gagner mon pain à la sueur de mon front, à casser des cailloux du soir au matin. »

Quelle ne fut pas sa surprise lorsque, retournant le soir à sa masure dans la forêt, il découvrit à la place le plus merveilleux manoir qu'on puisse imaginer !

Assis sur le perron, il jouissait depuis quelques jours déjà de sa vie de nouveau riche, lorsqu'il voit passer sur la route le roi lui-même trônant dans son carrosse, environné de courtisans chamarrés et de laquais en livrée : « Que j'aimerais être moi aussi entouré de serviteurs et comblé d'honneurs ! »

À peine le souhait a-t-il franchi ses lèvres qu'il se retrouve assis dans le carrosse royal à la place du monarque...

Mais le soleil dardait de plus en plus fort ses rayons et bientôt il eut trop chaud : « Ah ! si j'étais le soleil... »

Devenu astre du jour, il jouissait de sa toute nouvelle puissance : ne pénétrait-il pas de sa lumière et de sa chaleur les lieux les plus cachés du globe ? Jusqu'au moment où un vilain nuage obscurcit son ardeur. Dépité, il grommela : « Ah ! si j'étais nuage... »

Sitôt dit, sitôt fait : voici notre tailleur de pierre transformé en un beau cumulus répandant la pluie sur tout le pays. Rien n'arrêtait l'ondée, elle coulait et grossissait en ruisseaux et rivières. Jusqu'à ce que son impétuosité toute-puissante se trouvât barrée par un gros rocher sur la route. Et la voici obligée de le contourner pour continuer son chemin.

« Comment ? Ce rocher prétend être plus fort que moi ? Que je devienne rocher ! » Et le voici trônant fièrement de toute sa masse de granit au milieu du chemin. Mais un matin qu'il se réveillait du pesant sommeil de la nuit, il entendit à ses pieds comme des bruits sourds et se sentit ébranlé de secousses à chaque coup. C'était un petit homme qui, la masse à la main, était en train de le réduire en morceaux !

« Que ne suis-je tailleur de pierres ! » s'exclama notre héros.

Et le voici à nouveau taillant les rochers et chantant à tue-tête, débordant de la joie toute neuve d'être enfin lui-même et enfin libéré de toutes les grandeurs.

Légende du Moyen Âge

Se réjouir de ce que l'on est, se satisfaire de son sort, c'est souvent le premier pas du bonheur, et certainement de la sérénité.

La joie de vivre

Le maître Jésus, dans son dernier entretien avec ses disciples, leur révèle les secrets de la vie et du bonheur. Ce qu'ils appelleront la « Bonne Nouvelle » (l'« Évangile » en grec). Et au moment de les quitter et de se diriger vers sa passion et sa mort, il leur annonce son départ mais aussi son retour prochain :

« Vous voilà dans la tristesse, mais je vous verrai de nouveau, et votre cœur sera dans la joie. Et votre joie personne ne vous l'enlèvera ! »

Évangile de Jean 16, 22

La joie est un fruit du cœur que personne ne peut ôter à qui fait confiance à la vie. À qui fait confiance à Dieu, comme chantait François, le Poverello d'Assise.

Prière pour demander pardon d'avoir cédé à la tristesse

Pardonnez-moi, Seigneur, cette tristesse amère
Où je me suis complu.
Pardonnez-moi, Seigneur, d'avoir médit des autres
Et douté de moi-même.
Pardonnez-moi, Seigneur, ce visage fermé,
Et ce rire mauvais qui déforme la bouche,
Et ce dégoût de vivre et cette lassitude
Et cet abattement.
Mais au-dedans de moi, cette fumée pesante,
ne vient-elle pas, Seigneur,
Du feu que votre souffle a ranimé ?
Sont-ce mes détritus et mes mauvaises herbes,
Et toute ma vermine,
Seigneur, qui se consument ?
Déjà, votre soleil entre dans ma cellule
Et votre sainte joie illumine ma face,
Plus de rictus, plus de grimace,
Voici que chante en moi la gaieté franciscaine
Et le rire qui est aussi une vertu.
Pardonnez-moi, Seigneur,
Pardonnez-moi, Seigneur,
D'avoir médit, douté, gémi, pleuré, bâillé,
D'avoir haï l'immense allégresse de vivre
Et d'avoir hébergé la Fille de Satan.
Ô Joie, en ta demeure.

L. Chancerel

Être un bon compagnon pour soi-même

« Aime ton prochain comme toi-même » ; c'est le fil rouge qui traverse toute la Bible. « Estime-toi toi-même » : c'est le premier pas du bonheur.

C'est vous qui êtes au cœur de toutes vos relations,
ce qui ne veut pas dire au centre.
Vous êtes responsable de l'estime, de l'amour et du respect que vous vous portez.
Vous êtes garant, aussi, de l'amélioration possible de la qualité de vos relations, ce qui ne veut pas dire que vous êtes garant de toute la relation.
Vous avez la charge... ou le plaisir
de votre épanouissement, de votre bonheur.
Ne comptez plus sur l'autre pour vous prendre en charge,
pour assurer et combler vos besoins,
pour apaiser vos désirs ou protéger vos peurs.
Cela viendra aussi mais en plus, en offrande dans l'inespéré de l'imprévisible...
Osez vous définir et marquez sans cesse la différence
quand l'autre tente de vous définir...
à partir de sa vision, de ses croyances ou de ses peurs à lui.
Expérimentez en créant du réel au-delà de vos certitudes et de vos habitudes.
Vous ne vivez rien que vous ne puissiez résoudre.
Prenez soin de vous réellement, journellement.
Vous êtes extraordinairement unique et exceptionnel
même si vous l'avez oublié...
Voyez les autres comme des cadeaux et mieux encore comme des présents qui enrichissent votre vie.
La pire des solitudes n'est pas d'être seul,
c'est d'être un compagnon épouvantable pour soi-même.
La solitude la plus violente c'est de s'ennuyer en sa propre compagnie.
Alors, n'hésitez plus, soyez un bon compagnon pour vous.
Votre vie vous le rendra bien.

J. Salomé

Espérer toujours

Le secret du bonheur ? Il est dans le cœur. Il a nom « Espérance ».

La petite espérance

La vertu que j'aime le mieux dit Dieu, c'est l'espérance.

La foi est une épouse fidèle, la charité est une mère ou une fille aînée, et l'espérance c'est une petite fille de rien du tout.

Comme l'étoile a conduit les trois rois du fin fond de l'Orient, elle seule conduit les vertus et le monde.

La petite espérance, elle avance, entre ses deux grandes sœurs : la foi et la charité.

Le peuple chrétien ne voit que les deux grandes et il croit volontiers que les deux grandes traînent la petite par la main, alors que c'est elle qui entraîne les deux grandes qui sans elle ne seraient rien.

L'espérance voit et aime ce qui n'est pas encore et qui sera tout.

Elle fait marcher le monde.

Charles Péguy

Au royaume de l'espoir,
il n'y a pas d'hiver.

Proverbe russe

Et je me suis écrié :
Ô fortune,
le soleil est levé
et tu dors encore !
Et la fortune m'a répondu :
Malgré tout
ne désespère pas.

Hâfiz, sage persan

Espère dans le Très-Haut

Espère dans le Très-Haut et tu connaîtras le bonheur, disent les croyants de la Bible.
Car il est celui qui te guide sur le chemin et donne sens à ton existence.
Il est ton berger, celui qui te conduit vers les vertes contrées du repos paisible…

… Dans les pâturages d'Orient

Le Seigneur est mon berger,
je ne manque de rien.
Sur de frais herbages il me fait coucher ;
près des eaux du repos il me mène,
il me ranime.
Il me conduit par les bons sentiers,
pour l'honneur de son nom.
Même si je marche dans un ravin d'ombre et de mort,
je ne crains aucun mal, car tu es avec moi :
ton bâton et ta canne, voilà qui me rassure.
Devant moi tu dresses une table,
face à mes adversaires.
Tu parfumes d'huile ma tête,
ma coupe est enivrante.
Oui, bonheur et fidélité me poursuivent
tous les jours de ma vie,
et je reviendrai à la maison du Seigneur,
pour de longs jours.

Psaume 23

... Dans les pacages d'Occident

Avec les mots humains, qui seuls ont goût de Toi,
Je chanterai, mon Dieu, Ta louange et ma foi.

Et je dirai de Toi que Tu es Bon Pasteur
Et Souverain-Seigneur des pacages et des eaux.

Tu fais des archipels aux portes du désert.
Entre l'or pâle des tiges de grands ruisseaux d'argent.

Tu es le contentement de ces faces bovines
En procession très sûre vers Tes enclos feuillus.

La voix qu'ils connaissent bien les rassure dans la nuit
Quand le brouillard d'automne emplit les chemins creux.

J'aimerais partager la lourde certitude
Qui les fait s'avancer, dans l'herbe jusqu'au ventre.

Et T'offrir à mon tour, en beaux actes égaux,
Au bonheur de mon cœur l'allégresse de mes pas.

Être le commensal de la table opulente
Que Tu dresses pour moi au commencement du jour.

Et revenir encore à la tombée du soir,
Pour partager Ton Pain et pour boire à Ta Coupe.

Je ne craindrai plus rien, ni la chaleur du Jour,
Ni l'ennemi qui rôde aux contours de Midi.

À l'ombre des grands chênes Tu seras mon repos,
Ô Souverain-Seigneur des pacages et des eaux !

P. Baudiquey

Habiter
le royaume intérieur

Habiter le royaume intérieur

« Le Royaume est au-dedans de vous » (Jésus).
La joie de la rencontre de Dieu dans le Royaume intérieur par la prière est semblable à celle de deux êtres qui s'aiment tellement qu'ils ne pensent plus que l'un à l'autre : totalement « absorbés » l'un dans l'autre.

La paysanne et l'empereur

L'empereur mongol Akbar chassait un jour dans la forêt. L'heure venue pour la prière du soir, il descendit de cheval, étendit un tapis sur le sol et s'agenouilla pour prier, comme font partout les musulmans dévots.

Or, juste à ce moment, une paysanne toute bouleversée par la disparition de son mari, parti ce matin-là et pas encore revenu, passa par là à toute vitesse, cherchant anxieusement son mari. Dans sa préoccupation, elle ne remarqua pas la forme agenouillée de l'empereur et buta contre lui, puis se releva et, sans un mot d'excuse, continua sa course dans la forêt.

Akbar fut agacé par cette interruption. Comme, tout de même, c'était un bon musulman, il observa la règle qui défend de parler à qui que ce soit durant le *namaaz.*

Mais, juste au moment où sa prière prenait fin, la femme revint toute joyeuse en compagnie de son mari retrouvé. Elle fut surprise et effrayée d'apercevoir là l'empereur et son escorte. Akbar donna libre cours à sa colère et lui cria : « Expliquez votre comportement irrespectueux ou je vous fais châtier. »

La femme perdit soudain toute sa peur, regarda l'empereur dans les yeux et dit : « Majesté, j'étais tellement absorbée dans la pensée de mon mari que je ne vous ai pas vu ici, même pas lorsque j'ai buté contre vous. Mais vous, quand vous étiez au *namaaz,* vous étiez absorbé en Quelqu'un de bien plus précieux que mon mari : comment se fait-il que vous m'ayez remarquée ? »

L'empereur, honteux, se tut ; et plus tard, il confia à ses amis qu'une paysanne qui n'était ni lettrée ni mullah lui avait enseigné le sens de la prière.

Apologue de l'islam (A. De Mello)

Ainsi, pour découvrir le Royaume intérieur, des hommes et des femmes ont-ils tout quitté, largué toutes leurs richesses.
Pour acquérir le Trésor caché.

Le trésor caché

Jésus disait :

« Le Royaume des cieux est comparable à un trésor caché dans un champ ; l'homme qui l'a découvert le cache de nouveau. Dans sa joie, il va vendre tout ce qu'il possède, et il achète ce champ. »

Évangile de Matthieu 13, 44

Rechercher la source

Mais n'aurions-nous pas perdu le chemin de la source qui jaillit en nous, si proche à la fois et si lointaine... Comme la ménagère avait perdu sa drachme – une fortune ! Et c'était pourtant dans sa propre maison. Elle fait le ménage, elle déplace tous les meubles, elle furète dans les moindres recoins : jusqu'à ce qu'elle l'ait enfin retrouvée. Quel bonheur alors !

La pièce perdue

Si une femme a dix pièces d'argent et en a perdu une, ne va-t-elle pas allumer une lampe, balayer la maison et chercher soigneusement jusqu'à ce qu'elle la trouve ? Et quand elle l'a retrouvée, elle rassemble ses amies et voisines et leur dit : « Partagez ma joie, car j'ai retrouvé la pièce que j'avais perdue ! »

Évangile de Luc 15, 8-9

À la recherche des sources cachées...

Le désert fleurira...

Sous l'aridité du Sahara s'étend, le dernier écolier le sait, une mer immense. Lorsque la nappe souterraine affleure, fleurit une oasis merveilleuse.

Mais partout, il suffirait de forer les sables jusqu'à la rencontre des eaux pour faire naître des oasis aussi belles. À condition de creuser suffisamment profond.

Dans l'aridité de certains déserts humains – ces déserts que sont les cités aux millions d'habitants – tout croyant est un poste de forage vers la nappe d'amour inépuisable, le Dieu caché inconnu qui peut étancher la soif. « Le désert fleurira. » Cette phrase de la Bible est toujours actuelle. On embauche des foreurs.

Jacques Loew

Prier, méditer est-ce perdre du temps ?

Jésus dit : « Quand tu veux prier, entre dans ta chambre et ferme la porte afin de prier ton Père qui est là dans le secret. Et ton Père, qui est là dans le secret, te le rendra. »

Évangile de Marc 6, 6

L'homme est très occupé

Un sannyas, un saint dévot de l'Inde, passait sa journée à méditer devant sa grotte. Il faisait l'admiration du chef du village parce qu'il paraissait toujours heureux :

« Vous avez bien de la chance, lui dit-il un jour. Moi, j'ai tellement d'occupations, avec toutes mes responsabilités, que je n'ai pas le temps de méditer... »

Et le sannyas de lui répondre en souriant :

« Vous êtes comme un homme qui marche dans la forêt avec un bandeau sur les yeux et qui se considère comme trop occupé pour l'enlever !

Vous êtes comme un bûcheron qui s'épuise à fendre des rondins avec une cognée émoussée parce qu'il n'aurait pas le temps d'aiguiser la lame !

Qu'est-ce qui vous empêche d'entrer dans le royaume du dedans ? Le manque de temps, ou l'agitation du mental ? »

Apologue hindou

« Si vous ne devenez comme des enfants, vous ne pourrez entrer dans le Royaume des cieux », disait le maître Jésus.

Celui qui a découvert le Royaume intérieur a toujours le regard tourné vers le dedans. Car là est le vrai bonheur. Rien ne peut l'en détourner :

Le moine zen et la femme de mauvaise vie

Des moines zen venaient dénoncer au maître le comportement scandaleux d'un des leurs. Ne parlait-il pas trop souvent avec une belle personne, mais femme de mauvaise vie ?

Le maître convoqua le moine :

« Explique-toi : voilà ce que l'on me rapporte.

– Maître, répondit sereinement l'intéressé, n'est-il pas mieux de parler à une belle créature de Dieu en pensant à lui, que de le prier en pensant sans cesse à une belle femme ? »

Apologue zen

Ouvrir la porte du royaume

Jésus se retira du désert pour se préparer à sa mission. Au quarantième jour, il fut assailli par le diable, qui se demandait avec inquiétude qui pouvait bien être cet homme étonnant... « Arrière, Satan ! », lui dit alors Jésus au terme de ses tentations infructueuses. Et vinrent des anges, qui le servaient...

Un Satan déconfit

On raconte que lorsque saint Antoine s'était retiré au désert pour vivre dans la prière et l'ascèse, loin du monde, Satan en personne, jaloux de sa sainteté, vint le tenter. Les bêtes féroces elles-mêmes ne se pressaient-elles pas pour écouter l'enseignement du saint homme ?

Il se déguisa en séraphin :

« Je suis l'ange du Seigneur qui m'envoie vers toi, car il est émerveillé de ta sainteté !

– Tu dois te tromper de destinataire ! répondit en riant saint Antoine. Pour ma part, je n'ai vraiment rien fait qui mérite un tel honneur ! »

Et Satan de repartir, l'oreille basse. Il ne revint plus jamais tenter le saint.

Histoire des Pères du désert

Qui s'est libéré totalement de son ego peut accueillir pleinement le Royaume intérieur. Il vit en harmonie avec les hommes, avec le cosmos et ses habitants, avec lui-même. Car il a su ouvrir la porte du dedans.
« Je me tiens à la porte et je frappe, dit le rabbi de Nazareth. Celui qui ouvrira, j'entrerai chez lui, je dînerai avec lui, et lui avec moi » (Livre de l'Apocalypse 3, 20).

Heureux celui qui ouvre la porte au Bien-Aimé

Je t'ai aimé bien tard, Beauté si ancienne et si nouvelle, je t'ai aimé bien tard.

Mais voilà ; tu étais au-dedans de moi quand j'étais en dehors, et c'est dehors que je te cherchais ; dans ma laideur je me précipitais sur la grâce de tes créatures.

Tu étais avec moi, et je n'étais pas avec toi.

Saint Augustin

La porte de ton cœur

La porte de ton cœur
Est verrouillée depuis des siècles
Voilà pourquoi tu ne vois pas
Ton Bien-Aimé suprême
Qui se tient à la porte de ton cœur.
Ô insensé,
Quand cesseras-tu
De jouer le jeu
De ta propre folie ?
Quand essaieras-tu
De satisfaire le Suprême Absolu
Comme il l'entend ?
Lui qui transforme toute souffrance
En un flot d'extase
Se trouve là, tout seul,
À ta porte.
Il ne veut recevoir d'autre enseignement
Que de toi.
Ne Le néglige point !
Il est le repos éternel
Du monde de ton âme.
Regarde !
Il est là,
Devant la porte fermée de ton cœur.

Sri Chinmoy

Si tu vas au bout du monde, tu trouves la trace de Dieu. Si tu vas au fond de toi, tu trouves Dieu lui-même.

Madeleine Delbrêl

Dire qu'il n'y a pas de Dieu, c'est comme dire « je n'ai pas de langue » avec sa propre langue.

Amritanandamayi

« Celui qui m'aime, nous viendrons chez lui. Et nous ferons chez lui notre demeure » (Jésus).

La première épouse

Branle-bas de combat dans la Cité interdite. L'empereur de Chine veut se marier. Il envoie ses émissaires dans tout le pays pour lui trouver une digne première épouse. Après sévères sélections, une ravissante jeune fille répondant au doux nom de Perle-du-Matin lui est amenée au palais. L'empereur en tombe aussitôt amoureux. Mais elle, l'aime-t-elle vraiment ? Pour éprouver son attachement, il la renvoie dans sa famille avec ordre de revenir dans un mois.

Le mois passe. Perle-du-Matin frappe à la porte du palais.

« Qui es-tu ?

– La jeune fille que tu as choisie. »

L'empereur ne répond mot.

Elle revient le mois suivant.

« Qui es-tu ?

– La jeune fille que tu as choisie. »

L'empereur ne répond toujours pas.

Alors arrive le matin du troisième mois. Elle frappe à nouveau à la porte.

« Qui es-tu ?

– Je suis toi...

– Viens, mon épouse chérie, tu peux pénétrer chez moi. »

Et ils entrèrent dans la vraie félicité, celle de l'Amour.

Conte de Chine

Le royaume est au-dedans, et il est béatitude

Il a un nom : Dieu, l'immense Énergie qui est aussi une Personne. L'apôtre Jean, dans la suite de la Bible, aime rappeler le secret de l'identité de Dieu : « Dieu est amour. » Mais la Bible tout au début a révélé aussi : « Dieu a créé l'homme à son image. » Nous sommes donc appelés à être amour, comme Dieu, un Dieu tout-proche dont nous portons le germe divin, puisque nous portons en nous l'amour. « Deviens ce que tu es », disait déjà le sage Pindare. C'est-à-dire : deviens davantage amour, pour devenir davantage semblable à Dieu.

« Si tu savais le don de Dieu ! », s'exclamait Jésus, le Fils de Dieu, ébloui par cette habitation de Dieu en chaque homme, jaillissant comme une source d'énergie toujours positive. Tout homme est porteur du germe divin et peut parvenir à la pleine découverte du Royaume intérieur : « Tout être qui aime est né de Dieu et parvient à la connaissance de Dieu », expliquait le maître Jésus au pharisien Nicodème venu nuitamment l'interroger. « Vous êtes le temple du Saint-Esprit », expliquera par la suite l'apôtre Paul aux premiers chrétiens. Il s'agit donc d'habiter ce temple, le Royaume intérieur, pour se réaliser pleinement soi-même et parvenir au bonheur plénier. Mais en y faisant le ménage, en le dépoussiérant du moi égocentrique.

Dans cette ligne, nous sommes instamment invités à bien nous aimer nous-mêmes puisque l'amour que nous nous portons conditionne l'amour que nous portons à nos frères : « Tu aimeras ton prochain comme toi-même. *» Et nous serons conduits inévitablement à croire en eux puisqu'ils portent tous en eux le germe divin, le Royaume intérieur. Du coup, rencontrant ce regard d'amour sur eux, un regard créateur, ils sauront mieux croire en eux-mêmes. Y a-t-il plus grand bonheur ?*

L'homme meurt de soif

À ignorer le Royaume intérieur, on fait le malheur des hommes. Il est urgent, écrivait déjà en 1945 Antoine de Saint-Exupéry pressentant l'évolution de nos sociétés matérialistes, de « rendre aux hommes une signification spirituelle, des inquiétudes spirituelles. » Sinon ils seront terriblement malheureux... Officier aviateur dans une base d'Algérie à la fin de la guerre, il écrit une de ses dernières lettres à un ami, avant de tomber en vol, abattu au-dessus de la France occupée.

Cette existence grégaire au cœur d'une base américaine, ces repas expédiés debout en dix minutes, ce va-et-vient entre les monoplaces de 2 600 CV dans une sorte de bâtisse abstraite où nous sommes entassés à trois par chambre, ce terrible désert humain, en un mot, n'a rien qui me caresse le cœur...

Aujourd'hui, je suis profondément triste – et en profondeur. Je suis triste pour ma génération qui est vide de toute substance humaine...

Tout lyrisme sonne ridicule et les hommes refusent d'être réveillés à une vie spirituelle quelconque. Ils font honnêtement une sorte de travail à la chaîne.

Je hais mon époque de toutes mes forces. L'homme y meurt de soif...

Il n'y a qu'un problème, un seul de par le monde. Rendre aux hommes une signification spirituelle, des inquiétudes spirituelles. Faire pleuvoir sur eux quelque chose qui ressemble à un chant grégorien.

On ne peut plus vivre de frigidaires, de politique, de bilans et de mots croisés, voyez-vous. On ne peut plus. On ne peut plus vivre sans poésie, couleur ni amour...

Il faut absolument parler aux hommes...

Faute d'un courant spirituel fort, il poussera, comme champignons, trente-six sectes qui se diviseront les unes les autres. Le marxisme lui-même, trop vieillot, se décomposera en une multitude de néo-marxismes contradictoires.

Je hais cette époque où l'homme devient, sous un totalitarisme universel, bétail doux, poli et tranquille.

Depuis le temps que j'écris, deux camarades se sont endormis devant moi dans ma chambre. Il va me falloir me coucher aussi, car je suppose que ma lumière les gêne (ça me manque bien, un coin à moi !). Ces deux camarades, dans leur genre, sont merveilleux. C'est droit, c'est noble, c'est propre, c'est fidèle. Et je ne sais pourquoi j'éprouve à les regarder dormir ainsi une sorte de pitié impuissante. Car, s'ils ignorent leur propre inquiétude, je la sens bien. Droits, nobles, propres, fidèles, oui, mais aussi terriblement pauvres. Ils auraient tant besoin d'un Dieu.

Antoine de Saint-Exupéry

Pratiquer la religion

Il était une fois au Tibet un célèbre lama du nom de Drom. Voyant un fidèle tourner autour d'une stupa, ces monuments élevés en souvenir du Bouddha, il lui dit :

« C'est très bien, mais il vaudrait mieux pratiquer la religion.

– Je ferai alors mieux de me plonger dans la lecture des livres saints », se dit notre homme. Et il se mit à lire les livres saints.

Mais le rencontrant à nouveau, Drom lui dit :

« C'est très bien de lire les livres saints, mais il vaudrait mieux pratiquer la religion. »

« Si la lecture n'est pas ce qu'il y a de meilleur, peut-être est-ce la méditation ? », pensa le fidèle. Et il se mit à méditer des heures durant.

Quelques jours plus tard, le lama le découvrit abîmé dans sa méditation, mais il hocha la tête et rétorqua :

« C'est très bien de méditer, mais il vaudrait mieux pratiquer la religion.

– Je vous en prie, lui dit alors le fidèle : qu'est-ce que pratiquer la religion ?

– Détourne ton esprit des apparences de la vie terrestre, lui répond Drom, et tourne-le vers la religion. »

Vieil apologue tibétain rapporté par Tenzin Gyatso, XIVe dalaï lama

L'important, c'est de se tourner vers la religion du dedans.

Une rumeur de bonheur…

Le bonheur qui vient du dedans, de l'intérieur est comme une petite musique qui nous accompagne tout au long du jour, une musique venue du cœur, du cœur de l'enfant qui habite toujours en nous.

La petite musique du bonheur

J'étais à Grenade, en Espagne, avec des amis et nous entrions dans le quartier des gitans, en flânant, pour voir.

Alors d'une fenêtre étroite et sombre, nous avons entendu siffler une petite chanson. Nous avons levé la tête, nous n'avons vu personne. Nous avons continué à flâner. Et la chanson qui s'était arrêtée a repris plus loin. Nous nous sommes promenés dans le quartier, le siffleur était toujours là, au-dessus de nous, tantôt devant, tantôt derrière, tantôt plus loin.

Il sifflait très bien, c'était un véritable artiste.

Il passait sans doute par les cours, et il a cheminé avec nous sans que nous puissions le voir. Quand nous avons quitté le quartier, nous nous sommes retournés une dernière fois et alors nous l'avons vu.

C'était un enfant. Il nous a fait un petit signe de la main.

Ainsi est le bonheur.

On voudrait dire, il est ici, il est là, on ne peut jamais dire exactement où il est ; mais sa petite musique nous accompagne comme une présence.

Jean-Louis Ducamp

Vous me demandez quel est le suprême bonheur ici-bas ? C'est d'écouter la chanson d'une petite fille qui s'éloigne après vous avoir demandé son chemin.

Li Tai Po, sage chinois

Aussi les disciples de l'homme de Nazareth aiment-ils dire que la « Bonne Nouvelle » que le Maître a apportée est comme une rumeur de bonheur qui vient de là-bas, du fond des siècles, et qui ne s'éteindra jamais tant qu'il y aura des hommes pour la fredonner...

Le bonheur est dans le cœur

Finalement, le bonheur est dans le cœur. Il ne peut s'acheter comme un produit au supermarché. On ne peut prétendre l'amasser pour soi tout seul comme on arrondit chaque mois son compte en banque. Il n'est pas non plus dans les apparences. Il est dans le royaume du dedans. C'est l'expérience qu'en fit l'araignée qui parcourait le vaste monde à la recherche de la félicité.

L'araignée qui voulait pêcher des bananes

L'araignée s'en fut par le monde afin de devenir le sage des sages parmi les animaux et trouver le bonheur. Elle prit avec elle une très grande cruche munie d'un couvercle. Elle y enfermait au fur et à mesure toutes les sages maximes qu'elle pouvait entendre. Fort heureuse, elle pensait :

« Quand je reviendrai, porteuse de ce trésor, nul ne pourra prétendre m'égaler en sagesse ! »

Et elle continuait son périple, portant sur son dos sa cruche qui, de jour en jour, se faisait plus pesante. Chemin faisant, elle arriva, un jour qu'elle était accablée de fatigue et mourait de soif, auprès d'une eau profonde.

« Je vais me reposer et me désaltérer », se dit-elle, s'inclinant au-dessus de l'eau.

Mais alors, elle vit dans l'eau des bananes mûres à point. Ravie de la bonne aubaine, elle entra dans l'eau toujours chargée de sa pesante cruche, pour se régaler de fruits dorés. Mais elle eut beau chercher, elle ne trouva pas les bananes et remonta, déconfite, se disant : « Au moins, j'ai de quoi étancher ma soif ! »

Mais à peine s'était-elle à nouveau penchée au-dessus du trou qu'elle y revit les bananes.

Elle se dit : « Cette fois, je les trouverai ! »

La revoilà dans l'eau, la revoilà cherchant les appétissantes bananes, sans plus les trouver. Elle était toute trempée mais se consola néanmoins : « Je puis quand même boire tout mon soûl ! »

Mais à peine s'était-elle encore une fois inclinée au-dessus du trou qu'elle y revit les tentantes bananes : « Cette fois, elles sont à moi ! »

Elle bondit, mais de bananes, point !

Comme elle émergeait pour la troisième fois de l'eau, dégoulinante et dépitée, elle entendit rire au-dessus d'elle. Sur la rive opposée, des singes l'observaient qui lui crièrent :

« Quel est ce jeu, araignée ?

– Je cherche ces bananes qui sont dans l'eau, mais je ne puis les attraper ! »

Les singes rirent de plus belle :

« Tu devrais lever la tête et regarder en l'air ! »

L'araignée voulait le faire, mais elle ne le pouvait à cause de la pesante cruche contenant toute la sagesse du monde. Il fallait donc déposer ce lourd trésor. Quand enfin elle s'y résigna et put lever la tête, elle vit, au-dessus d'elle, un bananier croulant sous les fruits. Ce n'était que leur reflet qu'elle avait aperçu dans l'eau.

L'araignée était atterrée :

« J'ai recueilli toute la sagesse du monde. J'en ai une cruche pleine et cela ne me sert à rien. Je suis plus bête qu'un singe ! »

Furieuse, elle fracassa la cruche contre une pierre et toute la sagesse se dispersa aux quatre coins de l'univers.

Et l'araignée qui avait parcouru le monde pour conquérir le bonheur et recueillir la sagesse, comprit qu'on ne peut ni les acheter ni les prendre, mais que chacun doit les trouver dans son propre cœur.

Conte d'Afrique

S'éveiller au royaume intérieur

S'éveiller, c'est découvrir l'Essentiel. C'est passer de la superficie du moi aux profondeurs du royaume intérieur.
« Éveille-toi, toi qui dors ! », criait l'apôtre Paul aux chrétiens d'Éphèse en danger de s'assoupir dans leur quête des choses d'en-haut et du dedans.
« Éveille-toi ! Sois toujours prêt ! Tiens-toi en alerte pour le passage de l'Époux et l'ouverture aux portes de la Félicité », dit le Maître dans cette parabole.

Les dix jeunes filles

Le Royaume des cieux sera comparable à dix jeunes filles invitées à des noces, qui prirent leur lampe et s'en allèrent à la rencontre de l'époux. Cinq d'entre elles étaient insensées, et cinq étaient prévoyantes : les insensées avaient leur lampe sans emporter d'huile, tandis que les prévoyantes avaient pris, avec leur lampe, de l'huile en réserve. Comme l'époux tardait, elles s'assoupirent toutes et s'endormirent.

Au milieu de la nuit, un cri se fit entendre : « Voici l'époux ! Sortez à sa rencontre. » Alors toutes ces jeunes filles se réveillèrent et préparèrent leur lampe. Les insensées demandèrent aux prévoyantes : « Donnez-nous de votre huile, car nos lampes s'éteignent. » Les prévoyantes leur répondirent : « Jamais cela ne suffira pour nous et pour vous ; allez plutôt vous en procurer chez les marchands. » Pendant qu'elles allaient en acheter, l'époux arriva. Celles qui étaient prêtes entrèrent avec lui dans la salle des noces et l'on ferma la porte. Plus tard, les autres jeunes filles arrivent à leur tour et disent : « Seigneur, Seigneur, ouvre-nous ! » Il leur répondit : « Amen, je vous le dis : je ne vous connais pas. »

Veillez donc ! car vous ne savez ni le jour ni l'heure.

Évangile de Matthieu 25, 1-13

L'éveilleur

Ibrahim Edhem, mystique soufi, avait commencé par occuper le rang de pâdichâh – sultan – dans la ville de Balkh, et les richesses de beaucoup de principautés affluaient chez lui.

Une nuit qu'il était couché, il entendit soudain sur le toit de son palais un bruit de pas.

« Qui es-tu, s'écria-t-il, toi qui marches sur le toit ? »

Il entendit qu'on lui répondait : « J'ai perdu un chameau et je suis à sa recherche sur le toit.

– Mais, sot que tu es, tu as donc perdu la raison pour aller chercher un chameau sur un toit !

– Et toi donc, homme imprévoyant, lui répondit soudain la voix, c'est couché sur un trône d'or que tu cherches le Seigneur très haut ! Voilà qui est bien plus étrange que de chercher ce chameau sur le toit. »

À ces paroles, la crainte envahit le cœur d'Ibrahim, qui se leva et s'adonna aux exercices de piété jusqu'aux premiers rayons de l'aurore.

Le lendemain matin, il s'assit sur son trône, autour duquel se placèrent, chacun à son rang, comme ils le faisaient chaque jour, tous les grands de son royaume et ses gardes. Tout à coup Ibrahim aperçut au milieu de la foule un personnage majestueux et de haute taille qui s'avançait sans être visible pour les huissiers et les gardes. Lorsqu'il fut arrivé près d'Ibrahim, celui-ci lui demanda :

« Qui es-tu et que viens-tu chercher ici ?

– Je suis étranger, répondit-il, et je viens descendre dans cette hôtellerie.

– Mais ce n'est pas une hôtellerie, observa Ibrahim, c'est ma propre maison.

– À qui appartenait-elle avant toi ?

– À mon père.

– Et avant ton père, à qui était-elle ?

– À mon grand-père.

– Et tes ancêtres, où sont-ils maintenant ?

– Ils sont morts.

– Eh bien n'est-ce pas une hôtellerie que cette maison, où ceux qui s'en vont sont remplacés par ceux qui arrivent ? »

Et, après avoir ainsi parlé, il se retira. Ibrahim se levant courut après ce personnage et lui dit :

« Arrête ! Au nom du Seigneur très haut. »

Lui s'arrêta.

« Qui es-tu, lui demanda Ibrahim, toi qui as allumé le feu dans mon âme ?

– Je suis Khizr, l'envoyé de Dieu, ô Ibrahim ! Il est temps de t'éveiller ! »

Et il disparut.

Conte soufi

De l'éveil intérieur à la joie du dedans

Un acte de générosité, surtout s'il vient d'un maître, peut éveiller parfois quelqu'un à une dimension insoupçonnée de la vie. Ici, à la dimension du don gratuit. L'éveil intérieur est alors prémice de la joie du dedans.

Comment le voleur parvint à l'éveil

À l'ère Meiji, vivait un très fameux moine, maître Kôjun Shichiri. Un voleur s'introduisit dans son temple et vint le menacer :

« L'argent !

– L'argent ? J'en ai beaucoup. »

Et il lui apporta une cassette pleine de billets et dit :

« Je vous remercie beaucoup car j'ai trop d'argent. Aujourd'hui justement, on m'en a donné beaucoup. Emportez-le, je vous prie. »

Le voleur était abasourdi :

« Je peux tout emporter ? Vraiment ?

– Bien sûr, vous devez tout emporter. »

Le voleur, très impressionné, s'apprêtait à repartir, mais Kôjun lui dit :

« Attendez ! Attendez ! Votre vêtement n'est pas très épais et la nuit est très froide. J'ai justement reçu hier d'une personne décédée un très bon vêtement bien chaud. Je vous en fais don. »

Le voleur le prit et le mit dans son sac avec l'argent.

« Attendez un moment encore.

– Quoi ? Que voulez-vous me donner encore ?

– Je n'ai plus rien à vous donner ; mais ayant reçu toutes ces choses de moi, vous vous devez de me remercier ! »

Après quelque temps et de nombreux autres larcins, le voleur fut arrêté et avoua ses vols. Kôjun fut convoqué et confronté au voleur. Quand les policiers eurent bien entendu le récit du vol, ils dirent à Kôjun :

« Vous ne devez pas aider les voleurs. »

Mais il leur dit :

« Je ne connais pas de voleur qui soit entré dans mon temple.

– Vous ne connaissez pas cet homme ?

– Mais si. Un jour cet homme est venu dans mon temple. Je lui ai fait un présent, et il m'a remercié avant de partir. »

À ce moment, le voleur fut encore très impressionné, et spontanément il remercia encore Kôjun. Il pleura, fut très profondément ému et troublé. Ce fut pour lui une grande révolution intérieure.

Et il parvint à l'éveil.

Conte zen

Quelques chemins d'éveil

Vivre la vie, faire l'expérience personnelle des choses, donne plus de joie que tous les discours.

Faire l'expérience des choses en direct

Un jour, dans un de ses enseignements familiers, le Bouddha présente sans mot dire une fleur à ses disciples. Le premier prononce un admirable discours sur la beauté des pétales. Un autre fait un poème. Un autre encore la décrit avec une extrême précision. Ananda, le petit dernier, la regarde longuement et tout simplement sourit, sans mot dire lui non plus. « Ananda, toi, tu as connu l'éveil », énonce alors le Bouddha. « Celui qui sait ne parle pas, celui qui parle ne sait pas. »

Là est la mystique, là est l'éveil.

Histoire du Bouddha

Une certaine harmonie intérieure...

Quand la chaussure s'ajuste bien, on oublie le pied ;
quand la ceinture s'ajuste bien, on oublie la taille ;
quand toutes choses sont en harmonie, on oublie le moi.

Quand le moine se rend à la taverne,
la taverne devient sa cellule.
Quand l'ivrogne va en cellule,
la cellule devient sa taverne.

Sagesse d'Orient

S'accepter tel que l'on est comme un être unique et irremplaçable

Son nom est Chat !

Il était une fois un mandarin qui possédait un chat qu'il aimait beaucoup. Il en était fier et trouvait l'animal si extraordinaire qu'il décida de le nommer « Ciel ».

Or, un jour, un ami lui dit :

« Permettez-moi de vous faire remarquer qu'il est une chose plus plaisante que le ciel, ce sont les nuages, puisque les nuages peuvent cacher le ciel.

– Vous avez raison, répondit le mandarin. Et je vous remercie. Je vais désormais baptiser mon chat si extraordinaire du nom de "Nuage". »

À quelque temps de là, un autre mandarin prenait le thé à la maison.

« Comment ? s'écria-t-il, vous appelez "Nuage" cet animal si extraordinaire ? Mais il est une chose bien plus forte que les nuages : c'est le vent qui les chasse devant lui. »

Dès lors, son maître nomma « Vent » le chat dont il était si orgueilleux.

Or, une semaine ne s'était pas écoulée que le maire de la ville, invité chez le mandarin, aperçut le chat si extraordinaire.

« "Vent", dit-il, me paraît un nom bien indigne des mérites de cet animal préféré. Le vent trouve facilement son maître. C'est le mur qui peut l'arrêter.

– En effet, répondit le propriétaire du chat. Désormais, mon animal mieux aimé s'appelle "Mur". »

Un peu plus tard, un étudiant qui travaillait chez le mandarin fit remarquer respectueusement au seigneur qu'il est un être capable de vaincre le mur : la souris qui y perce son trou.

« C'est vrai, dit encore le mandarin. Je vais donc appeler ce chat si extraordinaire "Souris". »

C'est alors que survint le petit garçon du jardinier.

« "Souris" ! s'écria-t-il en riant. Mais il y a quelqu'un de bien plus puissant que la souris, c'est le chat qui l'attrape et la mange ! »

Ainsi, le mandarin comprit sa vanité. Et désormais, il appela cet animal dont il était si fier du plus beau nom qu'on pût lui décerner : « Chat ».

Conte du Viêt-nam (Madeleine Riffaud)

Deviens ce que tu es

Aller jusqu'au bout de son être

Pour le Rabbi de Nazareth, Dieu nous a confié d'abord d'être. D'exister pleinement. Tels qu'il nous a façonnés. Dans la ligne de notre plus grand bonheur et de notre plus grande dignité.
Une vie réussie, une vie heureuse, c'est alors une aventure au long cours où l'on réalise tout ce que l'on est en germe. Où l'on développe tout ce que l'on a de potentialités enfouies : tous ses talents.
Où l'on a la sagesse de se réjouir de ses propres richesses sans éternellement rêver d'être un autre, d'avoir une autre personnalité ou d'autres talents. Le petit sapin de la légende populaire a acquis un jour cette sagesse. Mais après quelques déboires...

La parabole des talents

Jésus disait : « Écoutez encore ceci : Un homme, avant de partir à l'étranger, fait appeler ses serviteurs pour leur remettre son argent. Il donne au premier cinq talents, à un autre deux et au troisième un talent : à chacun selon sa capacité. Puis il part.

Celui qui a reçu les cinq talents va immédiatement les faire travailler et il en gagne cinq autres. Celui qui en a reçu deux fait de même et en gagne deux autres. Quant à celui qui n'en a reçu qu'un, il fait un trou dans la terre et cache l'argent de son maître.

Longtemps après, le maître de ces serviteurs vient leur demander des comptes. Celui qui a reçu les cinq talents lui en présente cinq de plus : "Seigneur, dit-il, tu m'as confié cinq talents, en voici cinq autres que j'ai gagnés." Son maître alors lui déclare : "Très bien, bon et fidèle serviteur, tu as été fidèle pour une petite chose, je te confierai beaucoup plus ; viens partager la joie de ton maître."

Celui qui a reçu les deux talents s'avance à son tour : "Seigneur, dit-il, tu m'as confié deux talents, en voici deux autres que j'ai gagnés." Son maître répond : "Très bien, bon et fidèle serviteur, tu as été fidèle pour une petite chose, je te confierai beaucoup plus ; viens partager la joie de ton maître." »

Évangile de Matthieu 25, 14-30

Le petit sapin jamais content...

Un jour, il y a très longtemps, Dieu se promenait sur la terre pour voir si tout était en ordre et bien installé comme il l'avait voulu. Il s'arrêtait ici et là, redressant une montagne, remettant une rivière dans son lit, calmant un lion, rassurant une gazelle.

Chemin faisant, il arriva dans le pays du nord et passa par une colline sur laquelle poussaient quelques arbres. Il y avait là trois bouleaux, deux chênes et... un petit sapin.

Comme il passait, Dieu entendit un grand soupir.

« Qui donc, ici, est mécontent ? demanda-t-il.

– C'est moi, répondit le petit sapin. Pourquoi m'as-tu couvert de toutes ces affreuses petites aiguilles ? Je pousse plus droit qu'un bouleau et un jour je serai aussi grand qu'un chêne. Je méritais un autre habit que celui-ci. Il me donne l'air d'un hérisson. »

Dieu sourit et demanda :

« Quel habit veux-tu donc ?

– Je veux, répondit le petit sapin, être couvert de feuilles larges et tendres, comme les autres arbres.

– Soit, dit Dieu, tu auras ce que tu désires, car j'aime que chacun soit satisfait de son sort. »

Dieu fit un geste, et le petit sapin se trouva aussitôt couvert de feuilles larges et tendres. Dieu s'éloigna pour continuer son voyage.

Le petit sapin s'amusait à faire remuer ses feuilles et il était très content... Mais vint à passer une chèvre qui s'était égarée et qui avait faim. Elle vit le petit sapin.

« Voilà des feuilles bien appétissantes. Et juste à ma hauteur », se dit-elle.

Et elle les mangea toutes, sans en laisser même une seule.

Le petit sapin se plaignit à grands cris.

« Hélas, hélas !... Me voilà tout nu et laid ! »

Dieu l'entendit et revint.

« Que puis-je pour toi, à présent ? » demanda-t-il.

Le petit sapin répondit :

« Donne-moi quelque chose de mieux que ces pauvres feuilles qu'une chèvre a mangées, sans en laisser même une seule. Il me faut des feuilles en verre qui tinteront dans le vent. Personne, au moins, n'aura envie de les avaler.

– Soit, dit Dieu, tu auras ce que tu désires car j'aime que chacun soit satisfait de son sort. »

Dieu fit un geste et le petit sapin se trouva aussitôt couvert de feuilles de verre qui tintaient dans le vent. Et Dieu s'éloigna.

Le petit sapin s'amusait à faire tinter ses feuilles et il était très content... Mais, voici que le vent devint de plus en plus fort. Le tonnerre gronda. Ce fut une vraie tempête qui secoua les trois bouleaux et les deux chênes et qui secoua aussi le petit sapin, le secoua et le resecoua. Et ainsi, le vent cassa toutes les feuilles de verre sans en laisser même une seule.

Lorsque la tempête fut finie, le petit sapin se plaignit de nouveau à grands cris.

« Hélas ! Hélas ! Me voilà encore une fois tout nu et laid ! »

Dieu l'entendit et revint.

« Que puis-je pour toi, à présent ? demanda-t-il.

– Donne-moi quelque chose de mieux que ces pauvres feuilles de verre, que la tempête a cassées sans en laisser même une seule. Il me faut des feuilles d'or et d'argent, étincelantes au soleil.

– Soit, dit Dieu, pour la dernière fois, tu auras ce que tu désires, car j'aime que chacun soit satisfait de son sort ! »

Dieu fit un geste et le petit sapin se trouva aussitôt couvert de feuilles d'or et d'argent qui étincelaient au soleil. Et Dieu s'éloigna.

Le petit sapin s'amusait à faire étinceler ses feuilles d'or et d'argent et il était très content... Mais, voici que deux vagabonds arrivèrent sur la colline. Ils s'assirent par terre pour déjeuner, et ils s'assirent justement en face... du petit sapin.

« Par exemple ! Voilà des feuilles qui ont l'air de valoir cher, se dirent-ils l'un à l'autre.

– Et juste à portée de la main. »

Et ils les cueillirent toutes, sans en laisser même une seule.

Les deux vagabonds se hâtèrent de partir avec leur trésor. Et le petit sapin se mit à pleurer.

« Hélas ! Hélas ! Me voici tout nu et laid pour toujours. Et par ma faute. Que n'ai-je gardé mes aiguilles ! Les chèvres ne les mangeaient pas, la tempête ne les cassait pas, les voleurs ne les volaient pas. Ah ! J'ai bien mérité ce qui m'arrive. »

Dieu, qui l'avait entendu, revint et lui dit :

« Te voilà, à présent, plein de sagesse. Cela vaut une récompense. Aussi je vais te rendre ces aiguilles que j'avais faites pour toi. Et si tu trouves cet habit-là moins beau que les autres, pour t'en consoler je t'accorde encore ceci : chaque année à Noël, les hommes t'accueilleront dans leurs maisons. Ils te décoreront d'or, d'argent et de verre et les petits enfants t'admireront et chanteront autour de toi. »

Il en fut ainsi.

Et depuis ce temps, le petit sapin est très heureux. Il est redevenu un vrai petit sapin, mais on l'appelle aussi « l'arbre de Noël ».

Conte germanique de Noël

Deviens ce que tu es

Voici une autre histoire de souris...

La petite souris de Brahma

Au pays des animaux qui, dit-on en Inde, sont souvent des hommes réincarnés pour apurer leur karma, une souris vint se plaindre à Brahma, le Dieu des dieux : « J'ai peur des chats... transforme-moi, je te prie, en chat ! » Et Brahma la transforma en chat. Mais alors, elle eut peur du tigre. Le tigre, sous cette incarnation, avait peur du chasseur. Brahma le transforma en chasseur. Mais le chasseur, mal dans sa peau, aurait aimé être une femme. Brahma le transforma en femme. Laquelle eut alors peur d'une souris. Et Brahma en souriant dit à la petite souris : « Tu vois, sois une vraie souris, et alors tu apprendras à vivre sans peur... »

Légende hindoue

On accède au vrai bonheur en acceptant paisiblement d'être ce que l'on est, et de vivre pleinement sa propre nature : ses talents.

Le fils d'un mollah célèbre pour ses enseignements à la mosquée prit la succession de son père à la mort de celui-ci.

« Comme vous êtes différent de lui, lui disent ses fidèles ! Votre manière d'enseigner est tout à fait originale !

– Absolument pas ! Mon père n'imitait personne, et moi aussi je n'imite personne ! »

Apologue de l'islam

Mais quel est mon être profond ?

Voici un simple exercice pour le découvrir, pour *me* découvrir, par-delà l'ego superficiel :

1. Je m'installe confortablement devant une feuille de papier ; je me relaxe, je m'apaise, je lâche prise, je descends en moi.

2. Je sens tout ce qu'il y a en moi de bon, de beau, de vrai ; je le note.

3. Je sens et laisse monter toutes les aspirations qui vivent en moi, qui ont le désir de vivre davantage ; je le note.

4. Je laisse monter en moi l'émerveillement devant cette vie qui m'est donnée. Et la reconnaissance — l'« action de grâces », disent les croyants — pour Celui qui me l'a donnée. Car il m'a créé, dit la Bible, « à son image et ressemblance » (Genèse 1, 26).

Et c'est cette image, ce visage, que je découvre en moi au terme de la plongée. J'identifie aussi mes limites, mes contraintes, mes faiblesses et mes handicaps. Parfois : mon péché, disent les croyants de la tradition judéo-chrétienne.

Au terme, c'est la paix, la sérénité, la joie du dedans. Quand j'ai retrouvé l'unité de mon être.

Alors je pourrai m'émerveiller d'être ce que je suis.

S'émerveiller d'être là, et pleinement soi-même

Ô Yahweh, notre Seigneur,
Qu'est-ce que l'homme ? Et toi, tu t'en souviens…
Qu'est-ce que le fils d'homme ? Et tu veilles sur lui !
Tu en as fait un peu moins qu'un dieu.
Tu l'as couronné de gloire et d'éclat.

Psaume 8

Un invention inattendue

L'école devait aller visiter le Palais de la Découverte et le musée des Inventions modernes. Pour préparer cette leçon de choses, le maître interroge ses petits élèves :

« Qui pourrait me nommer une grande invention qui n'existait pas il y a vingt ans ?

– Moi, M'sieur », s'écrie un gamin excité en levant bien haut son doigt.

Je te rends grâces, Seigneur,
pour la merveille que je suis !

Prophète Isaïe

La prière du musulman fidèle

Ô Allah, rappelle-toi que tu as besoin de moi
autant que j'ai besoin de toi.
Car, ô Miséricordieux, si je ne t'avais pas,
qui prierai-je ?
Et si tu ne m'avais pas,
qui te prierait ?

La vie a besoin de toi tel que tu es

Jésus disait : « Jamais un bon arbre ne donne de mauvais fruits ; jamais non plus un arbre mauvais ne donne de bons fruits. Chaque arbre se reconnaît à son fruit : on ne cueille pas de figues sur des épines ; on ne vendange pas non plus du raisin sur des ronces. »

Évangile de Luc 6, 43-45

Le jardin en désolation

Un jour, un roi constata que la désolation régnait dans ses jardins. Les arbres, les buissons, les fleurs, tout dépérissait. Il interrogea les végétaux et apprit que le chêne languissait de ne pas ressembler au pin, que le pin se tourmentait de ne pouvoir porter des grappes comme la vigne et que la vigne avait perdu le sourire parce qu'elle ne parvenait pas à fleurir comme le rosier.

Dans un coin, le roi découvrit une humble primevère fraîche et satisfaite comme d'habitude. Interrogée elle aussi, elle répondit : « Lorsque tu m'as fait semer, je me suis dit que tu souhaitais voir une primevère dans ton jardin. Si tu avais préféré un chêne, un pin ou une vigne, c'est ce que tu aurais planté ici. C'est moi que tu as voulue, alors je me dis que la meilleure chose était d'être moi-même. »

Vous êtes là parce que l'existence a besoin de vous tel que vous êtes, sinon quelqu'un d'autre occuperait votre place. Tel que vous êtes, vous représentez quelque chose d'essentiel, de fondamental. Pourquoi seriez-vous comme le Bouddha ? Si Dieu le voulait, il pourrait produire des bouddhas à la chaîne. Au lieu de cela, Il vous a créé vous. Songez à l'honneur que vous fait l'existence ! C'est vous qu'elle a choisi et non un Christ ou un Krishna. Ces Éveillés ont terminé leur œuvre, ils ont répandu leur fragrance dans le monde. À présent, c'est à vous de parfumer l'univers. Observez-vous profondément. Que pouvez-vous être d'autre que vous-même ? Pouvez-vous être quelqu'un d'autre ? Réjouissez-vous et fleurissez ! À moins que vous ne préfériez vous étioler et dépérir.

Osho Rajneesh

Ou que vous ne soyez comme le figuier stérile dont parlait le maître Jésus...

Le figuier stérile

Jésus leur dit cette parabole : « Un homme avait un figuier planté dans sa vigne ; il vint pour y chercher du fruit et il n'en trouva pas. Il dit alors à celui qui soignait la vigne : "Voilà trois ans que je viens chercher des fruits sur ce figuier, et je n'en trouve pas. Coupe-le donc, il ne fait qu'épuiser la terre !" Mais l'autre répondit : "Maître, laisse-le encore cette année, je piocherai tout autour et je mettrai du fumier. Peut-être après cela donnera-t-il du fruit ; sinon, tu le couperas." »

Évangile de Luc 13, 6-9

Le voyageur doit frapper à toutes les portes avant de trouver la sienne ; il faut avoir erré à travers le monde pour atteindre enfin l'intime connaissance de soi.

Rabindranath Tagore

Ne pas s'enfermer dans des idées préconçues...

... car elles limitent le développement de notre potentiel, de nos talents, de notre liberté intérieure.

Jésus disait : « On ne met pas du vin nouveau dans de vieilles outres ; sinon les outres craquent, le vin se répand et les outres sont perdues. On met le vin nouveau dans des outres neuves, et ils se conservent pareillement. »

Évangile de Matthieu 9, 17

La plupart des gens ont des croyances concernant qui ils sont... ou ce qu'ils peuvent devenir...

La jarre et la citrouille

Il était une fois un potier qui trouva un rameau de citrouille portant un fruit qui commençait tout juste à pousser. Par jeu, il mit la petite citrouille dans une jarre et l'y laissa. Quand vint le temps de la récolte, la citrouille avait grossi autant que la jarre le lui avait permis. Les parois de terre cuite avaient limité le potentiel du fruit et lui avaient aussi imposé leur forme.

La plupart des gens ont des jugements ou des croyances concernant qui ils sont, ce qu'ils peuvent faire ou ce qu'ils peuvent devenir. Ces croyances forment une image limitante de soi, une jarre ! Ces croyances peuvent être transparentes et difficiles à voir, ou solides comme un roc et revendiquées avec insistance, ou encore aussi incompréhensibles que l'espace infini ; peu importe, elles limitent le potentiel de la personne.

Brisez donc votre propre jarre, et libérez votre potentiel ! Quelle grandeur, quelle puissance, quelle réussite pouvez-vous atteindre ?

Croyez-moi, il vous faudra un peu de temps pour vous habituer à la réponse.

Présentation du « Créativisme »

Libérons-nous donc des chaînes intérieures que nous nous sommes forgées. Vivons ici et maintenant, et non dans le passé. C'est une des portes d'entrée de la félicité. Mais voici deux histoires de chat assez édifiantes à ce sujet...

Le chat de l'ashram

Dans un ashram, sorte de communauté en Inde, il y avait un sage, un guru, qui avait un amour : c'était son chat.

Ce chat était magnifique, il n'avait qu'un défaut, il se promenait parmi les fidèles et perturbait le recueillement pendant le grand office solennel du soir. Le guru demanda alors à ses aides de bien vouloir attacher le chat pendant l'office du soir, ce qui fut fait. Le guru mourut et on continua à attacher le chat. Le chat mourut et on trouva un autre chat qui fut fidèlement attaché pendant l'office du soir.

Cela continua pendant des siècles, et des traités très sérieux existent dans cet ashram sur la nécessité d'attacher un chat pour le bon déroulement de l'office du soir !

Combien de « chats attachés » avons-nous ainsi dans nos vies ?

Le chat persan et la cuillère

C'était au temps où l'on avait découvert les vertus de l'huile de foie de morue comme tonique et fortifiant. Elle coûtait fort cher. Un sultan, très amoureux de son magnifique chat persan, décida de l'en faire bénéficier quotidiennement. Les serviteurs chaque matin usaient de mille ruses pour coincer l'animal et lui faire ingérer de force le précieux breuvage à l'aide de la cuillère d'or qui seule convenait bien sûr à son rang.

C'était chaque jour un combat éperdu. Le chat miaulait de colère, se débattait toutes griffes dehors, luttait de tous ses muscles bandés contre l'ingestion qui ne lui plaisait guère, à l'évidence. Le sultan en était tout attristé. On doubla le personnel, on rivalisa de ruses nouvelles : sans plus de résultats. Jusqu'au jour où il surprit son animal favori, revenu furtivement, en train de lécher la cuillère encore humide du précieux produit. Ce n'était pas contre l'huile que se rebellait le chat, mais contre la manière dont on voulait la lui faire prendre.

Conte d'Arabie

L'être humain est naturellement accordé à ce qui est bon pour lui si on lui laisse la liberté d'en découvrir les voies. On ne force pas quelqu'un à être heureux contre son gré. À méditer par les éducateurs, peut-être...

On parle beaucoup aux enfants du passé et pas assez de l'avenir, c'est-à-dire trop des autres et pas assez d'eux-mêmes.

Sacha Guitry

L'expérience, ce n'est pas ce qui arrive à un homme, c'est ce qu'un homme fait avec ce qui lui arrive.

Aldous Huxley

Le mérite appartient à celui qui commence, même si le suivant fait mieux.

Sagesse arabe

Construire sa vie

Chaque journée nous est confiée comme un talent à faire fructifier. Sans la gaspiller. En la gérant consciencieusement. Car sous sa banalité apparente elle récèle un trésor.
« Carpe diem » : jouis de chaque jour, déguste-le comme un fruit qui t'est offert. Ici et maintenant, et aussi en construisant ton éternité.

Le chasseur indien

Sur les berges d'une rivière, il ramassait quelques pierres comme projectiles. Et une à une il les utilisa avec sa fronde pour tuer les oiseaux perchés sur les arbres surplombant le cours d'eau. L'une après l'autre elles terminaient toutes leur course dans l'eau, qu'elles aient ou non atteint leur but.

Lorsqu'il rentra à la ville, il avait trois oiseaux dans sa gibecière, mais une seule pierre lui restait dans la main. Près du bazar, un joaillier l'arrêta avec une exclamation de surprise : « Mais c'est un diamant que tu as là ! Il vaut au moins dix mille roupies ! » En l'entendant, le chasseur se lamenta, désespéré : « Pauvre de moi ! J'ignorais leur prix, et j'ai employé tous ces diamants pour tuer des oiseaux ! Ils sont maintenant emportés par le courant, à jamais perdus !... Ah, si je les avais mieux utilisés, je serais riche, riche... »

Chacun de nos jours est comme un diamant précieux. Prenons conscience de leur valeur. Ne les gaspillons pas. Là est la sagesse.

Conte indien

S'ils ne sont pas gaspillés, ils porteront tout leur fruit.

Le laboureur et ses enfants

Travaillez, prenez de la peine :
C'est le fonds qui manque le moins.
Un riche laboureur sentant sa mort prochaine
Fit venir ses enfants, leur parla sans témoins.
« Gardez-vous, leur dit-il, de vendre l'héritage
Que nous ont laissé nos parents.
Un trésor est caché dedans.
Je ne sais pas l'endroit ; mais un peu de courage
Vous le fera trouver, vous en viendrez à bout.
Remuez votre champ dès qu'on aura fait l'août.
Creusez, fouillez, bêchez, ne laissez nulle place
Où la main passe et repasse. »
Le Père mort, les fils vous retournent le champ
Deçà, delà, partout ; si bien qu'au bout de l'an
Il en rapporta davantage.
D'argent, point de caché. Mais le Père fut sage
De leur montrer avant sa mort
Que le travail est un trésor.

Jean de La Fontaine

Lâcher prise...
... et danser sa vie

Danser sa vie...

« J'ai joué de la flûte sur la place du marché, dit le maître Jésus, et personne avec moi n'a voulu danser... »

Dans un petit village d'Anatolie, on attendait fébrilement la venue d'un célèbre imam qui devait venir prêcher à la mosquée pour édifier la communauté. Après la prière du vendredi, les croyants se retrouvèrent longuement en petits groupes pour préparer les questions à communiquer au maître, sur son thème favori : « Comment être pleinement heureux dans toute sa vie ? »

L'imam arrive, accueilli dans un silence respectueux. Il monte en chaire. Tous ont les yeux levés sur lui et déjà le gardien se lève pour amorcer le dialogue. Mais l'imam, sans un mot, regarde longuement l'assemblée qui le boit des yeux et commence à murmurer à bouche fermée une mélodie lancinante. Bientôt les croyants fredonnent à sa suite la mélodie. Il chante. Tous chantent. Il descend de la chaire et amorce doucement une danse souple et rythmée. Certains se lèvent et lui emboîtent le pas. Au bout de quelques minutes, c'est toute l'assemblée qui danse, totalement engagée dans le balancement des corps, le mouvement des pieds, le chant de la mélodie. Tous, comme un seul corps uni où les moi individuels disparaissent et où les vides intérieurs se creusent, remplis de la même présence d'Allah le Miséricordieux. L'imam remonte enfin lentement en chaire. Un grand calme s'est fait dans la mosquée. Une paix physiquement perceptible emplit les cœurs. Et dans le silence vibrant encore d'harmonie, l'imam fait passer son regard sur les visages qui le boivent des yeux :

« Je crois avoir bien répondu à vos questions ; là est le bonheur. »

Conte d'islam

Les derviches tourneurs sont une confrérie musulmane née au XIIIe siècle selon les enseignements du mystique Jallâl Al Dîn Rûmî. Leur danse traduit symboliquement la spiritualité soufie. Son rythme exprime la joie dynamique de l'amour qui meut les hommes et le monde.
Danser sa vie en lâchant prise, en se fondant dans le courant de l'amour divin qui vibre au cœur de tout homme et de toutes choses, ne serait-ce pas une des voies du bonheur ?

« Ton Dieu dansera pour toi ! »

Pousse des cris de joie, fille de Sion,
fais entendre tes acclamations, Israël !
Réjouis-toi et que ton cœur soit en fête,
fille de Jérusalem !

Yahvé ton Dieu est au milieu de toi,
ton vaillant sauveur !
Pour toi il se sent fou de joie,
son amour te refera toute neuve ;
pour toi il dansera et criera sa joie
comme tu le fais au jour de la Fête.

Livre du prophète Sophonie 3, 14. 17-18

S'il y a beaucoup de saintes gens qui n'aiment pas danser,
Il y a beaucoup de saints qui ont eu besoin de danser,
Tant ils étaient heureux de vivre :
Sainte Thérèse avec ses castagnettes,
Saint Jean de la Croix avec un Enfant Jésus dans les bras,
Et saint François, devant le pape.
Si nous étions contents de vous, Seigneur,
Nous ne pourrions pas résister
À ce besoin de danser qui déferle sur le monde,
Et nous arriverions à deviner
Quelle danse il vous plaît de nous faire danser
En épousant les pas de votre Providence.

Car je pense que vous en avez peut-être assez
Des gens qui, toujours, parlent de vous servir avec des airs de capitaines,
De vous connaître avec des airs de professeurs,
De vous atteindre avec des règles de sport.
De vous aimer comme on s'aime dans un vieux ménage.

Un jour où vous aviez un peu envie d'autre chose,
Vous avez inventé saint François,
Et vous en avez fait votre jongleur.
À nous de nous laisser inventer
Pour être des gens joyeux qui dansent leur vie avec vous.

Faites-nous vivre notre vie,
Non comme un jeu d'échecs où tout est calculé,
Non comme un match où tout est difficile,
Non comme un théorème qui nous casse la tête,
Mais comme une fête sans fin où votre rencontre se renouvelle,
Comme un bal, comme une danse,
Entre les bras de votre grâce,
Dans la musique universelle de l'amour.

Seigneur, venez nous inviter.

Madeleine Delbrêl (1904-1964)

Danser avec le cosmos

Vous toutes les œuvres du Seigneur, bénissez le Seigneur
Chantez-le et glorifiez-le éternellement !
Vous toutes les eaux du ciel, bénissez le Seigneur
Soleil et lune, bénissez le Seigneur,
Étoiles du ciel, bénissez le Seigneur,
Pluies et rosées, bénissez le Seigneur,
Glaces et neiges, bénissez le Seigneur,
Que les sources bénissent le Seigneur,
Que tous les oiseaux du ciel bénissent le Seigneur,
Qu'ils le chantent et le glorifient éternellement !

Livre de Daniel 3, 57-80

Le danseur divin

Dieu danse sa création, dit la mystique hindoue. Il est le danseur. S'il s'arrêtait de danser, il n'y aurait plus de danse. La danse de Dieu, c'est la rivière et l'océan, l'arbre et la feuille, l'oiseau et sa chanson. Il suffit de les regarder, de les écouter, de les sentir. Alors ils éveillent dans le cœur quelque chose qui est bien au-delà de la connaissance : une présence. Quand derrière la danse vous rencontrez le Danseur lui-même. Et alors en vos cœurs éclatera la joie.

« Dis-moi, frère aîné, où est la mer ? demandait le petit poisson au vieux saumon qui traçait son chemin vers les hautes eaux.

– Mais, petit poisson, tu es en train de nager dedans !

– Oh non ! C'est seulement de l'eau salée ! Moi, je cherche la mer ! » Et il repartit désappointé.

« Dis-moi, Maître, où est Dieu ? demandait le disciple à son guru.

– Viens avec moi demain matin sur la montagne. »

Ils partirent tôt avant l'aurore. Arrivés au sommet, le soleil se levait et baignait leurs visages. L'oiseau chantait et les fleurs exhalaient leur parfum matinal.

« As-tu vu l'astre du jour ? As-tu entendu l'oiseau ? As-tu senti la fleur ?

– Oh oui, Maître !

– Alors tu sais où est Dieu. »

Mystique hindoue

La Terre est sacrée

Les collines sont toujours plus belles que les constructions de pierre. On mène à la ville une existence artificielle. La plupart des gens ne sentent jamais la terre sous leurs pieds, ne voient pas pousser les plantes autrement qu'en pots, et leurs regards ne se portent pas au-delà des lumières de la ville, pour saisir le charme d'un ciel de nuit parsemé d'étoiles. Quand on vit à l'écart des accomplissements du Grand Esprit, on oublie vite ses lois.

Nous étions un peuple sans lois, mais nous étions en très bons termes avec le Grand Esprit, Créateur et Maître de toute chose. Vous présumiez que nous étions des sauvages. Vous ne compreniez pas nos prières. Vous n'essayiez pas de les comprendre. Lorsque nous chantions nos louanges au soleil, à la lune ou au vent, vous nous traitiez d'idolâtres. Sans comprendre, vous nous avez condamnés comme des âmes perdues, simplement parce que notre religion était différente de la vôtre.

Nous voyions la main du Grand Esprit dans presque tout : le soleil, la lune, les arbres, le vent et les montagnes, parfois nous l'approchions par leur intermédiaire. Était-ce si mal ? Je pense que nous croyons sincèrement en l'Être suprême : d'une foi plus forte que celle de bien des Blancs qui nous ont traités de païens… Les Indiens vivant près de la nature et du Maître de la nature ne vivent pas dans l'obscurité.

Saviez-vous que les arbres parlent ? Ils le font pourtant ! Ils se parlent entre eux et ils vous parleront si vous écoutez. L'ennui avec les Blancs, c'est qu'ils n'écoutent pas ! Ils n'ont jamais écouté les Indiens, aussi je suppose qu'ils n'écouteront pas les autres voix de la nature. Pourtant, les arbres m'ont beaucoup appris : tantôt sur le temps, tantôt sur les animaux, tantôt sur le Grand Esprit.

Taganta Mani (mort en 1967), Indien Stonay du Canada,
aux Blancs envahisseurs de leurs terres

Lâcher prise…
pour apprendre à être heureux

Lâcher prise, c'est renoncer à tout contrôler, à vouloir le bien de l'autre, c'est renoncer à prouver quoi que ce soit, c'est accepter que l'autre est l'autre et que moi-même, je suis qui je suis et non pas qui j'avais rêvé d'être.

Lâcher prise, c'est faire confiance, c'est signer un chèque en blanc sur l'avenir, sur cette vie et sur ce qui lui fait suite.

Lâcher prise, c'est cesser de faire le procès de la vie qui ne nous donne pas ce que nous en attendions.

En fait, lâcher prise, c'est commencer à être vraiment heureux, car
le bonheur, c'est comme un sillage,
il suit fidèlement celui qui ne le poursuit pas.
Si l'on s'arrête pour le contempler, pour le saisir, il s'évanouit aussitôt.

À partir du moment où l'on peut lâcher prise,
où l'on ne désire plus être heureux à tout prix,
on découvre que le bonheur,
c'est cette capacité de garder les mains ouvertes
plutôt qu'agrippées
sur ce que nous croyons nous être indispensable.

R. Poletti

C'est l'expérience que fit une amie de Jésus, Marie, qui avait renoncé à toute agitation pour perdre simplement son temps à écouter le Maître :

Marthe et Marie

Jésus entra dans un village et une femme nommée Marthe le reçut chez elle.

Elle avait une sœur, du nom de Marie, qui s'était assise aux pieds du Seigneur et restait à écouter sa parole. Marthe, pendant ce temps, était absorbée par tout le service. À la fin elle se tourne vers Jésus et lui dit : « Seigneur, ne vois-tu pas que ma sœur me laisse seule avec le service ? Dis-lui donc de m'aider ! »

Mais le Seigneur lui répond : « Marthe, Marthe, tu t'inquiètes et tu t'agites pour tant de choses ! Une seule est nécessaire. Marie a choisi la meilleure part, elle ne lui sera pas retirée. »

Évangile de Luc 10, 38-41

Lâcher prise, c'est aussi s'abandonner dans la confiance

Jésus disait : « Je vous dis : ne vous tourmentez pas pour votre vie avec des questions de nourriture, ni pour votre corps avec des questions de vêtement. La vie n'est-elle pas plus que la nourriture et le corps plus que le vêtement ?

Regardez les oiseaux du ciel, ils ne sèment pas, ils ne moissonnent pas, ils n'ont pas de réserves ni de greniers, mais votre Père du Ciel les nourrit. Et vous alors ? Ne valez-vous pas beaucoup plus qu'eux ? Qui d'entre vous, à force de s'inquiéter, pourra prolonger sa vie d'une seule coudée ?

Et le vêtement, pourquoi vous en préoccuper ? Voyez comment sortent les lys des champs et instruisez-vous. Ils ne peinent pas, ils ne tissent pas, mais je vous dis que Salomon dans toute sa gloire n'était pas habillé comme l'un d'eux.

Si Dieu habille ainsi la plante sauvage qui aujourd'hui se dresse mais demain sera jetée au four, ne fera-t-il pas beaucoup mieux pour vous ? Vous avez bien peu la foi ! »

Évangile de Matthieu 20, 25-30

La princesse lépreuse

Deux siècles après la mort du Bouddha naquit dans une famille princière du Cachemire une merveilleuse enfant douée de toutes les grâces. En grandissant, elle ne cessait de provoquer dans son entourage des sentiments de joie et d'adoration. Le destin prend de curieux chemins pour nous enseigner : la princesse contracta une forme de lèpre particulièrement hideuse, et celle qui avait été l'objet de toutes les admirations devint un objet de répulsion. En Orient les gens ne pleurent pas sur leur sort. Ils se battent. La jeune fille s'enfuit dans la forêt profonde avec le désir de mener une vie d'ascèse. Elle se mit à pratiquer le Bouddha de la Compassion et bientôt, jour et nuit, les animaux purent entendre murmurer le mantra secret qui s'échappait sans cesse des lèvres tuméfiées de la solitaire.

Une nuit, un profond sommeil trompa sa vigilance. Dans son rêve un très beau jeune homme blanc s'approcha d'elle, posa sa main sur sa peau malade. Elle reconnut le Bouddha de la Compassion et sut qu'elle était guérie. En se réveillant elle avait repris l'aspect d'une merveilleuse jeune fille de seize ans. Dès qu'elle récitait le mantra, le Bouddha était là. De manière très féminine, elle lui lança un jour : « Je t'ai prié de longues années dans cette forêt sauvage, sans te voir. Pourtant on dit que dès que l'on prononce le mantra tu es là. Pourquoi ? » L'être de lumière sourit avec douceur : « Je n'ai jamais cessé d'être là, princesse, mais en vérité la force de tes obscurcissements était telle que tu ne pouvais me voir. Ce n'est que lorsque tu as abandonné tout espoir personnel, tout désir de te protéger, de guérir, d'être belle, d'être différente, que j'ai pu être visible. Lorsque tu as lâché prise… La paix ne vient que dans l'abandon. Alors naît aussi le bonheur. »

Apologue bouddhiste

« Ne vous tourmentez pas ! » dit Jésus. Lâcher prise, c'est alors parfois faire le vide en soi. Comme Marie qui ne s'affolait pas de mille choses, on l'a vu : elle écoutait, le cœur réceptif à la Parole.
Soyons réceptifs aussi à l'existence, libérés de nos préoccupations et de notre ego. Alors la vie pourra couler en nous.

La tasse trop pleine

Un jour, un professeur de philosophie se rendit auprès du maître zen Nan-In pour l'interroger sur Dieu, la méditation et mille autres choses. Nan-In l'écouta en silence, puis il dit :

« Vous avez l'air fatigué. Vous venez de loin et avez dû gravir cette haute montagne pour arriver jusqu'ici. Permettez-moi de vous servir du thé. »

La tête bourdonnante de questions, le professeur fut contraint d'attendre que l'eau se mette à chanter sur le feu et que l'arôme du thé se répande dans la pièce. Le maître lui dit :

« Encore un peu de patience, ne soyez pas pressé. Qui sait, la tasse de thé résoudra peut-être vos questions. »

Le professeur se demanda s'il ne perdait pas son temps. Sans doute avait-il entrepris ce long voyage pour rien, ce moine était bizarre. Comment la réponse à des questions spirituelles pourrait-elle se trouver au fond d'un bol de thé ? Mais il était vraiment épuisé et accepta l'offre du maître avant d'entamer le chemin du retour. Nan-In apporta la bouilloire et versa du thé dans la tasse de son visiteur. Bientôt le liquide déborda et se répandit dans la soucoupe. Nan-In continuait de verser. Le professeur s'écria :

« Arrêtez ! Ne voyez-vous pas ce que vous faites ? La tasse est pleine et la soucoupe aussi ! »

Nan-In répondit :

« C'est exactement la situation dans laquelle vous vous trouvez. Votre esprit est plein à ras bord de points d'interrogation, il n'y a plus la moindre place pour recevoir une réponse de ma part. Croyez-moi, dès que vous avez franchi le seuil, le flot de vos questions s'est déversé partout et a inondé mon logis. Rentrez chez vous, videz votre coupe et revenez plus tard, quand vous aurez ménagé un peu d'espace en vous-même. »

Osho Rajneesh

La nature de Bouddha

Un moine posa un jour cette question à son maître :

« Est-ce que je possède la nature de Bouddha ?

Le maître : – Non, vous ne possédez pas la nature de Bouddha !

Le moine : – Mais n'avez-vous pas dit et répété que toutes choses possèdent la nature de Bouddha. Alors, tout… et pas moi ?

Le maître : – Tout, même les insectes, les animaux, les plantes, tout, et vous non !…

Perplexe, le moine disciple s'inquiéta en bredouillant :
– Pourquoi pas moi ?

Et le maître répondit : – Parce que vous posez la question. »

Apologue bouddhiste

D'où vient ta colère ?

Convaincu d'avoir tout compris du zen, un jeune moine se précipita chez le maître.

« Voilà, dit-il, la vraie nature des phénomènes est le vide. Il n'y a ni compréhension, ni illusion, ni sagesse. L'ego, l'esprit, le Bouddha, n'existent pas. Il n'y a rien à donner, rien à recevoir, rien. »

Le maître l'écouta en silence, et en le fixant droit dans les yeux il le frappa violemment avec son éventail en bambou. Vexé, l'élève entra dans une colère bleue.

« Si rien n'existe, dit le maître, d'où vient ta colère ? »

Apologue bouddhiste

Il y a deux sortes de gens : ceux qui peuvent être heureux et ne le sont pas, et ceux qui cherchent le bonheur sans le trouver.

Proverbe arabe

Un homme heureux est une barque qui navigue sous un vent favorable.

Proverbe chinois

Le brin de paille se figure que c'est contre lui que la mer s'agite.

Sagesse persane

Le bonheur est à votre foyer, ne le cherchez pas dans le jardin des étrangers.

Proverbe anglais

Vis ici et maintenant...

Le pêcheur heureux

Un pêcheur était assis au bord de la mer, au soleil, l'air heureux, le regard perdu vers l'horizon. Un industriel, vacancier d'un pays du Nord, vint à passer. S'adressant au pêcheur, il s'étonna de le voir assis là, au milieu de la matinée.

« Pourquoi n'es-tu pas à la pêche ? demanda le touriste.

– Parce que j'ai pêché ce qu'il me faut pour la journée, répondit le pêcheur.

– Mais si tu continuais à pêcher, tu pourrais vendre ton surplus de poisson et un jour t'acheter deux bateaux, engager des hommes pour t'aider et plus tard devenir riche !

– Quel en serait l'avantage ? demanda le pêcheur.

– Eh bien ! Tu pourrais avoir assez d'argent pour te retirer et jouir de la vie ! répondit l'industriel.

– Et que crois-tu que je suis en train de faire maintenant ? » demanda le pêcheur au touriste en éclatant de rire de toutes ses dents blanches.

Jésus aimait dire à ses disciples : « Cessez de vous inquiéter pour demain, et demain s'inquiétera pour lui-même : à chaque jour suffit sa peine. Cherchez d'abord le Royaume et la justice de Dieu, et tout le reste vous sera donné en plus. »

Évangile de Matthieu 6, 33-34

Le samouraï

Un samouraï fut fait prisonnier au terme d'un combat inégal. Dans sa cellule, la nuit, il se tournait et retournait sur sa couche dans l'attente de son exécution au petit matin. Alors lui revint l'enseignement de son maître : « Vis ici et maintenant. Demain n'existe pas. » Il s'endormit aussitôt.

Apologue japonais

Vivre l'instant présent, mais totalement conscient, là est la sagesse.

Cyrus et le sage perse

L'empereur Cyrus le Grand aimait converser avec un vieux sage perse des plateaux iraniens, Akkad, qu'il avait attiré à sa cour. Il revenait un jour quelque peu fatigué d'une de ses campagnes contre les Mèdes, et s'arrêta pour passer un bout de temps en compagnie de son vieil ami :

« Je suis épuisé, cher Akkad, de tous ces combats. Comme je t'envie de passer ton temps à philosopher sur les bords de l'Euphrate...

– Mais vous-même, sire, maintenant que vous avez battu les Mèdes, qu'allez-vous faire ?

– Je vais m'emparer de Babylone et la soumettre.

– Et après Babylone ?

– Je soumettrai la Grèce.

– Et après la Grèce ?

– Je conquerrai Rome.

– Et après cela ?

– C'en sera assez. Je reviendrai et nous coulerons des jours heureux à deviser paisiblement...

– Et pourquoi, sire, ne commencerions-nous pas tout de suite ? »

Apologue perse

... et jouis de la vie !

Jésus disait :

« N'amassez pas richesses et réserves sur cette terre, là où les mites et les vers font des ravages, là où les voleurs percent le mur et emportent tout.

Amassez-vous richesses et réserves dans le Ciel, là où il n'y a ni mites ni vers pour faire des ravages, et pas de voleurs pour percer le mur et tout emporter.

Oui ! Là où est ton trésor, là aussi sera ton cœur. »

Évangile de Matthieu 6, 19-20

Jouis de la vie, ô avare

Un marchand riche mais avare avait caché tout son or au fond d'un trou, sous une dalle, tout au bout d'une allée de son jardin. Chaque jour, tôt le matin, il allait soulever la dalle et contemplait longuement le magot. Or, un matin où comme à l'accoutumée il découvrait le trou, horreur ! celui-ci était totalement vide ! Un voleur était passé par là. Hurlements de colère et de douleur. Ses voisins accourent et s'apitoient :

« Mais vous avez au moins pu utiliser une partie de l'or, s'enquiert l'un d'eux compatissant.

– Non, répond l'harpagon, je le regardais seulement chaque matin dans son trou.

– Alors, pour tout le profit que cela vous a apporté, vous pourrez bien venir tout simplement chaque matin regarder le trou ! »

Conte du Moyen-Orient

Le bonheur réside souvent dans la capacité de jouir du bel aujourd'hui.
Le Bouddha aimait raconter à ses disciples la parabole suivante pour montrer que l'homme sage sait jouir paisiblement du moment présent, sans se préoccuper du lendemain et de l'heure où la mort frappera à sa porte. La conscience même de cette fin inéluctable ne donne-t-elle pas d'ailleurs beaucoup plus de douceur à chaque instant de la vie ?

Le paysan et le rayon de miel

Un paysan travaillant dans la forêt se trouve nez à nez avec un tigre mangeur d'hommes. Il prend ses jambes à son cou et fuit au plus vite poursuivi par le félin. Mais patatras ! le voici qui tombe dans une citerne desséchée. Par miracle il parvient à se raccrocher à un pied de vigne qui avait poussé dans la paroi de la citerne. Le voilà suspendu dans le vide. Deux souris surgissent qui se mettent à ronger la vigne. En bas un nid de cobras siffle au-dessous de lui dans le fond vaseux, prêt à l'accueillir dès qu'il lâchera prise. Et le tigre affamé, penché sur la margelle, l'attend toutes griffes dehors. Mais voici que le paysan aperçoit un rayon de miel laissé par des abeilles sur une branche de l'arbuste. Et l'homme de plonger son doigt dans le miel et de le sucer avec délices. Jamais miel ne lui avait paru plus savoureux…

Enseignements du Bouddha

« ... Jouis du moment présent ! »

Ce fut le credo d'un des grands maîtres du mouvement hippie, Alan Watts, l'un des meilleurs connaisseurs du taoïsme zen vers les années 60 aux États-Unis, mais aussi l'un des grands zélateurs du LSD. *Il fut également l'un des initiateurs d'Esalen en Californie, laboratoire de ce qui devint le New Age. Là se forgèrent les nouvelles thérapies et psychotechniques qui avaient pour but de libérer nos potentialités étouffées, partant du principe que chacun n'utilise qu'une partie de son dynamisme de vie, le reste étant verrouillé par les blessures de l'enfance et les normes répressives de la société. Son credo,* Le paradis que je me souhaite, *donne la tonalité de cette nouvelle philosophie de la vie. Chacun jugera...*

Le paradis que je me souhaite...

Que faisons-nous sur terre ? À l'exception des simples d'esprit, personne ne semble réaliser que vivre c'est sentir le parfum des fleurs, écouter la mer, regarder frissonner les arbres dans le vent, escalader les montagnes, manger du pâté en croûte, boire du vin de Malvoisie et caresser une jolie femme. Je vais vous dire ce que je veux, et ce qui me satisfait. Je veux passer ma vie à méditer dans le silence, marcher lentement, éprouver le sens fondamental de l'existence dans l'émerveillement, surprendre les sons, sentir les nuages et les étoiles me caresser les yeux. Je veux bannir l'angoisse, la tourner en dérision, saisir la vie et la mort comme les deux faces indissociables d'une même médaille.

Je veux regarder dans l'eau les reflets de la lumière et les ondes du vent, pays des mouettes, des pélicans, des goélands, des flamants et des canards sauvages. Je veux m'asseoir sur un rocher lointain ou sur une plage déserte, entendre les vagues et regarder le ciel de l'ouest que vient laver l'aurore. Je veux décocher des flèches si haut dans le ciel qu'elles deviennent des oiseaux. Je veux contempler les montagnes, errer dans leurs vallons et dans leurs forêts, percevoir au crépuscule d'invisibles cascades.

Je veux aller dans ma grande cuisine chatoyante de couleurs essayer une nouvelle soupe ou un nouveau ragoût, cuire le poisson à la vapeur, jouer avec ces brosses chinoises si fines et ces bâtons d'encens que l'on frotte dans l'eau et qui dansent sur le papier. Je veux apaiser la douleur et éteindre la maladie rien qu'en apposant mes mains sur un corps. Je veux allumer un brasier, brûler des feuilles de cèdre et du bois de santal tard dans la nuit, au son d'une musique classique ou au rythme d'un rock que je danse. Je veux voir les éclats de lumière sur le verre et le cristal ; allongé sur le sol, je veux regarder les branches des arbres découper le bleu vif du ciel.

Si terre à terre que cela puisse paraître, c'est là tout le paradis que je me souhaite...

Le bonheur du quotidien

« La vie simple aux travaux ennuyeux ou faciles
Est une œuvre de choix qui veut beaucoup d'amour... »

Prière dans ma cuisine

Seigneur, Maître des pots, des brocs, des marmites
qui sont dans ma cuisine et dont j'ai le souci,
Je ne puis être, hélas ! la sainte qui médite
Assise aux pieds du Maître ou qui brode pour lui,
Avec des blanches mains, la chasuble bénite ;
Alors, que je sois sainte en besognant ici.
Donnez-moi de vous plaire en ranimant la flamme,
En surveillant la soupe, en récurant l'évier.
De Marthe, j'ai les mains, que de Marie j'aie l'âme.
Quand je lave le sol, à genoux sur la dure,
Je pense que vos mains ont touché nos souillures,
Et se sont endurcies exerçant un métier.
De prier longuement je n'ai pas le loisir.
Pourtant je dis encore : « Réchauffez ma cuisine
Au feu de votre Amour. » Que votre paix divine
corrige les excès de mon humeur chagrine
Et fasse taire mes envies de gémir.
Vous aimiez tant, Seigneur, nourrir vos amis
Sur la montagne, aux abords du lac, dans la chambre,
Quand je leur servirai le repas que voici,
Ce sera vous, Seigneur, qui daignerez le prendre,
Car c'est vous que je sers en les servant ici.
Ne cherche en nulle autre demeure
Ce que tu peux trouver chez toi
C'est encore sous son propre toit
Que l'existence est la meilleure.

Quelqu'un demandait à sainte Thérèse d'Avila ce qu'elle pensait de la lévitation : « Ce n'est pas très pratique pour faire la cuisine ! »

Un travail
de résurrection

Dieu veut le bonheur de l'homme

C'est son projet.
Et nous, nous voulons de toutes nos forces être heureux. Et nous nous heurtons à la souffrance, à la mort, au mal. Pourquoi nous frappent-ils?
Les hommes se sont cassé la tête sur cette interrogation lancinante depuis les origines de l'humanité : Pourquoi ?

La légende de Gilgamesh

Il y a plus de quatre millénaires, les peuples habitant le pays de Sumer au Moyen-Orient, avaient bien quelque idée sur la question. Ils la traduisaient sous forme d'une légende reprise et chantée le soir sous les tentes des tribus bédouines ou dans les palais de Babylone : celle du prince Gilgamesh.

Tout réussissait à ce monarque, mais il voulait encore davantage : devenir l'un des dieux. Ceux-ci en furent à la fois jaloux et inquiets. Ils mirent alors en piste un rival pour s'opposer à lui : Enkidou. Mais celui-ci lia bien au contraire amitié avec Gilgamesh. Et les voici partant de concert à la conquête de la puissance des dieux. Du coup ceux-ci se vengent en faisant mourir Enkidou. Effondrement de Gilgamesh qui s'en va de par le monde à la recherche de la plante de la vie, pour devenir enfin pleinement un dieu. Il la trouve ! Le voici l'égal des dieux !

Mais s'arrêtant pour se baigner dans un lac, un serpent vient subrepticement lui dérober sa plante... Il comprend alors tristement qu'il ne sera jamais un dieu... Son orgueil ne l'a mené qu'à prendre plus durement conscience que les dieux sont les dieux, les hommes sont les hommes, et qu'il faut vivre quand même. L'homme butera sans cesse contre la mort. C'est le drame de sa condition... Il faut se résigner...

La légende de Gilgamesh sera le discours chanté durant des siècles en ces pays pour répondre à la question : « Pourquoi sommes-nous malheureux et mortels, alors que nous aspirons de toutes nos forces au bonheur et à la vie ? »

L'histoire d'Adam et Ève

Mais voici qu'un petit peuple se distingue du discours commun, et ose donner une réponse bien différente. Il l'écrit, lui aussi, sous la forme d'un poème, d'une chanson dont les notes sont très voisines, mais où la mélodie est tout autre. C'est l'histoire d'Adam et Ève dans le premier livre de la Bible, le livre de la Genèse. Le projet originel de Dieu, à l'inverse de la légende mésopotamienne, est le bonheur de l'homme. Il n'est pas à l'origine de ce mal auquel tous les jours nous nous heurtons, car il est aimant et fidèle. Si son projet a été bouleversé, la faute ne lui en incombe pas. C'est celle de l'homme qui a oublié qu'il n'était pas Dieu. Car quand l'homme veut prendre la place de Dieu, c'est la catastrophe, la mort. Vouloir son bonheur tout seul en rejetant Dieu, c'est creuser la tombe de son malheur.

Nicolas Berdiaëv, penseur russe du début du siècle, écrivait : « Sans Dieu il n'y a plus d'homme, c'est la constatation expérimentale de notre temps. » Et nous l'avons vu avec la longue liste rouge de sang des camps de déportation, des goulags, des génocides partout dans le monde.

Dieu n'est pas le rival de l'homme mais son allié. Il ne veut nullement en faire son esclave : il l'établit roi de l'univers. Il le crée pour le bonheur. Et tout au long de son existence, il le fera grandir sous sa protection bienveillante. Tel est le sens de ce poème :

Dieu dit : « Faisons l'homme à notre image selon notre ressemblance. Qu'il soit le maître des poissons de la mer, des oiseaux du ciel, des bestiaux, de toutes les bêtes sauvages, et de toutes les bestioles qui vont et viennent sur la terre. »

Dieu créa l'homme à son image,
à l'image de Dieu il le créa,
il les créa homme et femme.

Dieu les bénit et leur dit : « Soyez féconds et multipliez-vous, remplissez la terre et soumettez-la. Soyez les maîtres des poissons de la mer, des oiseaux du ciel, et de tous les animaux qui vont et viennent sur la terre. »

Le Seigneur Dieu planta un jardin en Éden, à l'orient, et y plaça l'homme qu'il avait modelé. Le Seigneur Dieu fit pousser du sol toute sorte d'arbres à l'aspect attirant et aux fruits savoureux ; il y avait aussi l'arbre de vie au milieu du jardin, et l'arbre de la connaissance du bien et du mal.

Livre de la Genèse, 1, 26-28 et 2, 7-9

Temps du deuil, travail de résurrection

Dieu veut certes le bonheur de l'homme, vient de nous dire la Bible. Mais de fait la mort est là dans nos vies, terrible rupture de notre désir de bonheur. Comment vivre et être heureux dans cette perspective ? En y voyant un passage vers la vie, disait Jésus, lui qui ne fit aucun discours sur le déchirement de la souffrance et de la mort, mais les vécut jusqu'au bout après les avoir pris sur ses épaules : « Venez à moi, vous tous qui peinez et souffrez, et je vous soulagerai. »
Il enseignait aussi comment vivre le travail du deuil pour qu'il devienne travail de résurrection :

> En vérité, en vérité, je vous le dis : si le grain de blé ne tombe pas en terre pour y mourir, il reste seul. C'est quand il meurt qu'il porte beaucoup de fruits.
>
> Évangile de Jean 12, 24

Voici comment un catéchiste transcrivait poétiquement cette parabole :

L'histoire des petites graines telle qu'elle est racontée aux enfants

Mille petites graines dans un grenier... Un jour le semeur prend les graines pour les semer dans son champ.

Les petites graines ont peur, elles tombent dans la terre froide et humide...

Elles s'enfoncent, c'est la nuit et c'est la solitude. Elles ont disparu, on ne les voit plus. Tout semble fini...

Dans le grenier une petite graine réussit à se cacher. Elle n'a pas voulu tomber en terre. Elle pousse un soupir de soulagement. Avec ironie elle pense aux autres graines qui n'ont pas voulu l'écouter. Heureuse, elle s'endort dans le grenier.

Dans le champ les petites graines souffrent. Il fait froid, leur corps craque de partout, il commence à pourrir. Tout semble fini...

Au printemps le semeur vient dans son champ. Mille petites tiges soulèvent la terre. Dans un effort terrible, les petites graines ont fait jaillir la vie de leur cœur... Des germes de vie nouvelle sortent de leur petit corps en train de disparaître.

Les germes grandissent, traversent la terre froide et humide, ils arrivent au soleil...

Après une longue patience, les petites graines ont fait le passage vers une vie nouvelle.

Victoire de la vie sur la mort.

Les petites graines continuent de vivre autrement, tout n'est pas fini...

Dans le champ les germes se transforment en tiges, ils s'épanouissent en fleurs... Tout n'est pas fini... Les petites graines sont passées par la terre pour devenir des fleurs : la vie ne s'est pas arrêtée, elle s'est transformée. La mort est une étape après bien d'autres étapes...

Dans le grenier, la petite graine reste seule. Elle se dessèche. Il n'y a plus de vie possible pour elle.

Car elle n'a pas fait le passage : la Pâque de Résurrection.

> « C'est moi qui suis la Résurrection et la Vie, dit Jésus à Marthe pleurant la mort de son frère Lazare. Celui qui croit en moi, même s'il vient à mourir, vivra. Le vivant, celui qui croit en moi, ne mourra pas pour toujours. »
>
> Évangile de Jean 11, 25-56

Au-delà de la mort : la vie

La vie et la mort sont comme le fleuve et l'océan

Vous voudriez connaître le secret de la mort.

Mais comment le trouveriez-vous sinon en le cherchant dans le cœur de la vie ?

La chouette dont les yeux faits pour la nuit sont aveugles au jour ne peut dévoiler le mystère de la lumière.

Si vous voulez vraiment contempler l'esprit de la mort, ouvrez amplement votre cœur au corps de la vie.

Car la vie et la mort sont un, de même que le fleuve et l'océan sont un.

Dans la profondeur de vos espoirs et de vos désirs repose votre silencieuse connaissance de l'au-delà.

Et tels des grains rêvant sous la neige, votre cœur rêve de printemps.

Et qu'est-ce que cesser de respirer, sinon libérer le souffle de ses marées inquiètes, pour qu'il puisse s'élever et se dilater et rechercher Dieu sans entraves ?

C'est seulement lorsque vous boirez à la rivière du silence que vous chanterez vraiment.

Et quand vous aurez atteint le sommet de la montagne vous commencerez enfin à monter.

Et lorsque la terre réclamera vos membres, alors vous danserez vraiment.

Khalil Gibran

Comme un voilier part dans la lumière du matin

Je suis debout au bord de la plage
Un voilier passe dans la brise du matin
et part vers l'océan.
Il est la beauté, il est la vie.

Je le regarde jusqu'à ce qu'il disparaisse à l'horizon.
Quelqu'un à mon côté dit :
« Il est parti. »
Parti ? Vers où ?
Parti de mon regard, c'est tout...
Son mât est toujours aussi haut, sa coque a toujours la force de porter sa charge humaine. Sa disparition totale de ma vue est en moi, pas en lui.
Et juste au moment où quelqu'un près de moi dit :
« Il est parti », il y en est d'autres, qui le voyant poindre à l'horizon et venir vers eux, s'exclament avec joie : « Le voilà !... »
C'est cela, la mort.

William Blake. (Ce texte fut lu aux obsèques de Pierre Bérégovoy par sa fille.)

Je t'attends... Je ne suis pas loin...

« La mort n'est rien ; je suis simplement passé dans la pièce d'à côté.
Je suis moi. Tu es toi.
Ce que nous étions l'un pour l'autre, nous le sommes toujours.
Donne-moi le nom que tu m'as toujours donné.
Parle-moi comme tu l'as toujours fait. N'emploie pas un ton différent.
Ne prends pas un air solennel ou triste.
Continue à rire de ce qui nous faisait rire ensemble.
Prie. Souris. Pense à moi. Prie pour moi.
Que mon nom soit prononcé à la maison comme il l'a toujours été ;
sans emphase d'aucune sorte et sans trace d'ombre.
La vie signifie ce qu'elle a toujours signifié.
Elle reste ce qu'elle a toujours été. Le fil n'est pas coupé.
Pourquoi serais-je hors de ta pensée,
simplement parce que je suis hors de ta vue ?
Je t'attends. Je ne suis pas loin.
Juste de l'autre côté du chemin.
Tu vois, tout est bien. »

Cannon Scott Holland, écrivain anglais du XIXe siècle

Il n'y aura plus de mort désormais

Sous les cieux nouveaux et sur la terre nouvelle, là-bas sur l'autre rive, dit l'apôtre Jean, « Dieu essuiera toute larme des yeux...

Il n'y aura plus de mort désormais, plus de deuil, plus de cris, plus de peine. »

Livre de l'Apocalypse 21, 4

Attendre dans la paix

Et, en attendant, vivre ici et maintenant cette vie qui nous est donnée...

La mort à Samarkand

C'était il y a bien longtemps, dans l'Inde lointaine. Un prince se promenait, heureux de vivre, tout aux délices de la matinée embaumée. Au détour d'une allée, il voit la Mort et la Mort le voit. Elle lève la main, comme pour faire un signe. Effrayé, le prince s'enfuit. Il fait seller son meilleur cheval et trotte toute la journée. Enfin, le soir, le prince aperçoit la ville merveilleuse de Samarkand. Il est dans le Turkestan, loin de chez lui, à l'abri de toute sombre surprise. Avec délice, il met pied à terre et s'enfonce dans la foule où nul ne peut le reconnaître. Soudain, il se trouve face à face avec la Mort.

« Toi encore ! Que me veux-tu ?

– Je te cherche.

– Ne m'as-tu pas vu ce matin, dans mes jardins ?

– Si, répond la Mort. Et j'ai été très étonnée de t'y rencontrer, car j'avais rendez-vous avec toi, ce soir, à Samarkand. »

Légende d'Orient

Attendre dans la paix... C'est aussi la sagesse toute simple du bûcheron.

La mort et le bûcheron

Un pauvre bûcheron tout couvert de ramée,
Sous le faix du fagot aussi bien que des ans
Gémissant et courbé marchait à pas pesants,
Et tâchait de gagner sa chaumine enfumée.
Enfin, n'en pouvant plus d'effort et de douleur,
Il met bas son fagot, il songe à son malheur :
Quel plaisir a-t-il eu depuis qu'il est au monde ?
En est-il un plus pauvre en la machine ronde ?
Point de pain quelquefois, et jamais de repos.
Sa femme, ses enfants, les soldats, les impôts,
Le créancier, et la corvée
Lui font d'un malheureux la peinture achevée.
Il appelle la Mort ; elle vient sans tarder,
Lui demande ce qu'il faut faire
« C'est, dit-il, afin de m'aider
À recharger ce bois ; tu ne tarderas guère. »
Le trépas vient tout guérir ;
Mais ne bougeons d'où nous sommes :
Plutôt souffrir que mourir,
C'est la devise des hommes.

Jean de La Fontaine

Et attendre dans la confiance, disent les croyants.

Le verre d'eau du condamné à mort

L'esclave d'un prince oriental avait été condamné à mort. Peu avant l'exécution, à laquelle le prince devait assister, on demanda au malheureux s'il avait encore un désir.

La seule chose qu'il demanda fut un verre d'eau. On le lui apporta aussitôt, mais il était si ému que ses mains tremblantes avaient de la peine à tenir le verre.

Le prince lui dit : « Calme-toi, ta vie est en sécurité jusqu'à ce que tu aies achevé de boire cette eau. » L'esclave prit le prince au mot et répandit l'eau par terre : personne ne pouvant la remettre dans le verre, sa vie était sauve. Chacun peut de la même manière prendre Dieu au mot, en ayant beaucoup plus grande confiance en la Parole de Dieu qu'en celle d'un roi.

Surtout quand il dit : « Je suis la Résurrection et la Vie. Celui qui croit en moi, fût-il mort, vivra. »

Parabole d'un évangélique

En confiance, car, au terme de la route, il nous attend.

Tu es proche

Mon Dieu, comment m'abandonnerais-tu,
toi qui m'as pris en protection ?
Comment serais-je écrasé,
alors que tu es mon secours ?
Comment serais-je déçu,
alors que tu prends soin de moi ?

Mon Dieu, comme tu es proche de moi,
et comme je suis loin de toi !
Mon Dieu, comme ta miséricorde est grande pour moi !
Mon Dieu, cherche-moi, par miséricorde,
afin que je te rencontre.
Attire-moi par ta grâce,
donne-moi de me tourner vers toi.

Mon Dieu, comment serais-je déçu,
alors que tu es mon espérance ?
Comment serais-je rejeté,
alors que je m'abandonne à toi ?

Prière de l'islam

Dans la nuit, croire à la lumière

Au bout de la route, il n'y a pas la nuit

Au bout de la route, il n'y a pas la route,
Mais le terme du pèlerinage.

Au bout de l'ascension, il n'y a pas l'ascension,
Mais le sommet.

Au bout de la nuit, il n'y a pas la nuit,
Mais l'aurore.

Au bout de l'hiver, il n'y a pas l'hiver,
Mais le printemps.

Au bout de la mort, il n'y a pas la mort,
Mais la vie.

Au bout du désespoir, il n'y a pas le désespoir,
Mais l'espérance.

Joseph Folliet

Mais pour le comprendre, peut-être faut-il changer notre manière de voir les choses. De même que pour faire du monde un lieu sans douleur, il vaut mieux changer son cœur plutôt que de vouloir plier l'univers à notre volonté comme le pensait faire un certain chef sioux.

Le chaman et les souliers

Un chef indien, qui avait les pieds sensibles mais le cœur peu sensé, pestait sans cesse contre le sol rugueux et caillouteux du territoire de sa tribu. Jusqu'à ce qu'il ordonne finalement à ses guerriers de chasser tous les bisons du pays pour recouvrir de leur peau comme un immense tapis l'entière superficie de son territoire. Ne pouvant changer ses pieds, il changerait le sol ! Quitte à exterminer tous les troupeaux...

Scandale et révolte dans tout le peuple, on le comprend. Une délégation de guerriers s'en vint trouver le chaman de la tribu pour lui dire les faits. Celui-ci leur répond alors :

« Conseillez à notre chef de découper plutôt deux morceaux de peau de bison pour se protéger les pieds. Où qu'il aille, il n'aura alors plus jamais mal. »

Légende des Indiens Sioux

Découvrir le sens de sa vie

Le sens de sa vie

Les Rois Mages cherchent le chemin du Maître du Royaume. C'est une parabole de la quête des hommes en recherche de Dieu, du Sauveur, du sens de leur vie.

Jésus était né à Bethléem de Juda, au temps du roi Hérode ; alors des pays de l'Orient, des mages arrivèrent à Jérusalem et demandèrent : « Où se trouve le roi des Juifs qui vient de naître ? Nous avons vu son étoile à l'orient et nous sommes venus pour lui rendre hommage. »

Évangile de Matthieu 2, 1-2

Ils cherchaient la bonne direction, le sens de la route, le bon chemin. Dans les étoiles. Et finalement c'est dans leur cœur qu'était l'étoile : quand ils l'ouvrirent à l'appel de l'autre.

Les Rois Mages

Ils perdirent l'étoile un soir. Pourquoi perd-on
L'étoile ? Pour l'avoir parfois trop regardée.
Les deux Rois Blancs, étant des savants de Chaldée,
Tracèrent sur le sol des cercles au bâton.

Ils firent des calculs, grattèrent leur menton.
Mais le pauvre Roi Noir, méprisé des deux autres,
Se dit : Pensons aux soifs qui ne sont pas les nôtres,
Il faut donner quand même à boire aux animaux.

Et tandis qu'il tenait son seau d'eau par son anse,
Dans l'humble rond du ciel où buvaient les chameaux,
Il vit l'étoile d'or qui dansait en silence.

Edmond Rostand

Toute chose a un sens, même un petit caillou. Alors, un petit d'homme, combien plus !

Même si j'étais petit caillou…

Gelsomina, grande fille de quatorze ans mais demeurée enfant, est écœurée de vivre avec cette brute de Zampano. Un soir, elle rencontre « Il matto » (le fou). Il va lui révéler le secret du bonheur…

« Qu'est-ce que je fais au monde ? Je ne sers à personne... J'en ai assez de vivre..., gémissait Gelsomina.

– Mais toutes les choses qui existent servent à quelque chose ! Un caillou, par exemple, tiens...

– Lequel ?

– N'importe lequel : celui-là !

– Et à quoi il sert ?

– Est-ce que je sais, moi ? Si je savais, je serais le Bon Dieu ! Mais il sert à quelque chose. Parce que si ce caillou ne servait à rien, rien ne servirait à rien, même les étoiles. C'est comme ça, tu sais, et toi aussi, tu sers à quelque chose avec ta tête d'artichaut... »

Le lendemain, lorsque Zampano sort de prison, Gelsomina est là :

« Pourquoi n'es-tu pas partie avec eux ? », lui demanda-t-il...

Elle ne répondit pas : elle regarda un petit caillou.

Grâce à un petit caillou, Gelsomina était transformée. Elle savait maintenant pourquoi elle existait, pour qui elle devait vivre. Et sous sa petite tête d'artichaut, elle sentit la joie et le bonheur l'envahir.

D'après le film de Fellini *La Strada*

Le sens de ta vie est en toi comme une lumière

Le Maître dit : « Je suis la lumière du monde. Celui qui me suit ne marchera jamais dans les ténèbres. » Fais donc confiance à la lumière qui est déjà en toi, et ne compte pas trop sur les protections extérieures. Car le sens de ta vie, il est en toi.

L'aveugle et sa chandelle

Au Japon, pour s'éclairer dans la maison ou sur la route, on utilisait des lanternes en papier décoré contenant une chandelle allumée. Et pour la marche on les suspendait à de petites perches de bambou.

Un aveugle était en visite chez des amis. Le soir tombant, on lui offrit, suivant la coutume et les lois de l'hospitalité, une lanterne pour retourner à son domicile.

« Oh, vous savez, dit-il en riant, je n'en ai pas besoin ! Pour moi, je vis toujours dans la nuit !

– Mais si, cher ami. Non pas pour éclairer votre chemin, mais pour signaler votre présence, de peur que quelqu'un ne vienne buter sur vous dans le noir. »

L'aveugle remercia ses hôtes et prit la route sa lanterne à la main. Quelle ne fut pas sa surprise indignée quand, à un détour du chemin, il fut violemment heurté par quelqu'un qui faillit le projeter à terre !

« Holà ! Maladroit ! Vous n'avez donc pas vu ma lanterne ?

– Mais, cher Monsieur, lui répond le quidam tamponneur : votre lanterne est éteinte ! »

Conte zen

Être lumineux...

« La lampe du corps, c'est l'œil », disait Jésus. « Quand tu vis dans la lumière, tout ton corps est illuminé. »

Évangile de Matthieu 6, 22

Il est des gens savants. On les admire.
Il est des gens lumineux. Ils rayonnent.

On demandait au Bouddha : « Y a-t-il une différence entre la connaissance et l'illumination ? »

« Si tu as la connaissance, tu l'utilises comme une lampe pour montrer le chemin. Si tu es illuminé, tu deviens toi-même lampe. »

Histoire du Bouddha

... et choisir un maître déjà éveillé

Jésus s'adressait à la foule en paraboles :

« Un aveugle peut-il guider un autre aveugle ? Ne tomberont-ils pas tous les deux dans un trou ? Le disciple n'est pas au-dessus du maître ; mais celui qui est bien formé sera comme son maître. »

Évangile de Luc 6, 39

Donner sens à notre vécu

Il est fort, notre désir d'être heureux, de nous réaliser pleinement et de réussir notre vie. Et c'est ce désir qui nous donne du mouvement pour aller toujours de l'avant. Il donne sens à notre existence. Il trace le parcours de notre histoire.
Parfois le temps de l'épreuve brise le rêve initial. Mais elle n'a pas le dernier mot quand on y perçoit un passage - une « pâque » — qui mène à autre chose. Et alors notre désir peut se réaliser au-delà de tout ce que nous imaginons, car « Dieu transforme notre destinée tout en laissant advenir notre histoire », comme disent les croyants.
Au terme, nous retournant pour mesurer le chemin parcouru, nous pourrons découvrir du sens à ce que nous avons vécu, même le plus éprouvant, et à ce que nous vivons présentement.
Approprions-nous donc notre histoire, l'histoire de notre vie, comme l'ont fait les trois petits arbres de la légende populaire.

Les trois arbres

Il était une fois, en haut d'une montagne, trois petits arbres qui rêvaient à ce qu'ils voudraient devenir quand ils seraient grands.

Le premier regarda les étoiles qui brillaient comme des diamants au-dessus de lui. « Je veux abriter un trésor, dit-il. Je veux être recouvert d'or et rempli de pierres précieuses. Je serai le plus beau coffre à trésor du monde. »

Le deuxième arbre regarda le petit ruisseau qui suivait sa route vers l'océan. « Je veux être un grand voilier, dit-il. Je veux naviguer sur de vastes océans et transporter des rois puissants. Je serai le bateau le plus fort du monde. »

Le troisième petit arbre regarda dans la vallée au-dessous de lui et il vit la ville où des hommes et des femmes s'affairaient. « Je ne veux jamais quitter cette montagne, dit-il. Je veux pousser si haut que lorsque les gens s'arrêteront pour me regarder, ils lèveront leurs yeux au ciel et penseront à Dieu. Je serai le plus grand arbre du monde ! »

Les années passèrent. Les pluies tombèrent, le soleil brilla, et les petits arbres devinrent grands.

Un jour, trois bûcherons montèrent dans la montagne.

Le premier bûcheron regarda le premier arbre et dit : « C'est un bel arbre. Il est parfait. » En un éclair, abattu d'un coup de hache, le premier arbre tomba. « Maintenant, je vais être un coffre magnifique, pensa le premier arbre. J'abriterai un merveilleux trésor. »

Le deuxième bûcheron regarda le deuxième arbre et dit : « Cet arbre est vigoureux. Voilà ce qu'il me faut. » En un éclair, abattu d'un coup de hache, le deuxième arbre tomba. « Désormais, je vais naviguer sur de vastes océans, pensa le deuxième arbre. Je serai un grand navire digne des rois. »

Le troisième arbre sentit son cœur flancher quand le bûcheron le regarda. « N'importe quel arbre me conviendra », pensa-t-il. En un éclair, abattu d'un coup de hache, le troisième arbre tomba.

Le premier arbre se réjouit lorsque le bûcheron l'apporta chez le charpentier, mais le charpentier était bien trop occupé pour penser à fabriquer des coffres. De ses mains calleuses, il transforma l'arbre en mangeoire pour animaux. L'arbre qui avait été autrefois très beau n'était pas recouvert d'or ni rempli de trésors. Il était couvert de sciure et rempli de foin pour nourrir les animaux affamés de la ferme.

Le deuxième arbre sourit quand le bûcheron le transporta vers le chantier naval, mais ce jour-là, nul ne songeait à construire un voilier. À grands coups de marteau et de scie, l'arbre fut transformé en bateau de pêche. Trop petit, trop fragile pour naviguer sur un océan ou même sur une rivière, il fut emmené sur un petit lac. Tous les jours, il transportait des cargaisons de poissons morts qui sentaient affreusement fort.

Le troisième arbre devint très triste quand le bûcheron le coupa pour le transformer en grosses poutres qu'il empila dans la cour. « Que s'est-il passé ? se demanda l'arbre qui avait été autrefois très grand. Tout ce que je désirais, c'était rester sur la montagne en pensant à Dieu. »

Beaucoup de jours et de nuits passèrent. Les trois arbres oublièrent presque leurs rêves. Mais une nuit, la lumière d'une étoile éclaira le premier arbre au moment où une jeune femme plaçait son nouveau-né dans la mangeoire.

« J'aurais aimé pouvoir lui faire un berceau », murmura son mari. La mère serra la main du père et sourit tandis que la lumière de l'étoile brillait sur le bois poli. « Cette mangeoire est magnifique », dit-elle.

Et soudain, le premier arbre sut qu'il renfermait le trésor le plus précieux du monde.

« À Bethléem, Marie enfanta son fils, le premier-né. Elle l'emmaillota et l'installa dans une mangeoire. »

Évangile de Luc 2, 7

D'autres jours et d'autres nuits passèrent, mais un soir, un voyageur fatigué et ses amis s'entassèrent dans la vieille barque du pêcheur. Tandis que le deuxième arbre voguait tranquillement sur le lac, le voyageur s'endormit.

Brusquement, l'orage éclata et la tempête se leva. Le petit arbre trembla. Il savait qu'il n'avait pas la force de transporter tant de monde en sécurité dans le vent et la pluie. Le voyageur s'éveilla. Il se leva, écarta les bras et dit : « Paix. » La tempête se calma aussi vite qu'elle était apparue.

Et soudain, le deuxième arbre sut qu'il transportait le roi des cieux et de la terre.

« Il était déjà tard ce jour-là quand Jésus dit à ses disciples : "Passons sur l'autre rive." Ils laissèrent la foule et prirent Jésus comme il était dans la barque ; d'autres barques l'accompagnaient. C'est alors que se lève une violente rafale de vent : les vagues se jettent sur la barque au point que déjà l'eau monte, mais lui, allongé sur le coussin à l'arrière, il dort.

Ils le tirent du sommeil et lui disent : "Cela ne te fait rien si nous coulons !"

Jésus s'est réveillé, il rappelle à l'ordre le vent et dit à la mer : "Silence ! Tais-toi !" Aussitôt le vent tombe et c'est le grand calme. »

Évangile de Matthieu 4, 35-39

À quelque temps de là, un vendredi matin, le troisième arbre fut fort surpris lorsque ses poutres furent arrachées de la pile de bois oubliée. Transporté au milieu des cris d'une foule en colère et railleuse, il frissonna quand les soldats clouèrent sur lui les mains d'un homme. Il se sentit horrible et cruel.

> Alors les soldats romains le mirent en croix. Au-dessus de sa tête on avait écrit le motif de sa condamnation : « C'est Jésus de Nazareth, le roi des juifs. »
>
> Évangile de Matthieu 25, 37

Mais le dimanche matin, quand le soleil se leva et que la terre tout entière vibra d'une joie immense, le troisième arbre sut que l'amour de Dieu avait tout transformé.

> « Pourquoi chercher le Vivant parmi les morts, dit l'Ange. Il est ressuscité ! »
>
> Évangile de Luc 24, 5

Il avait rendu le premier arbre beau.
Il avait rendu le second arbre fort.
Et à chaque fois que les gens penseraient au troisième arbre, ils penseraient à Dieu.
Cela était beaucoup mieux que d'être le plus grand arbre du monde.

Légende populaire du Moyen Âge (d'après A. E. Hunt, *Les trois arbres,* Centurion)

Même un chemin de mille lieues commence par un pas.

Proverbe shintoïste

Où que vous soyez, c'est là qu'il vous faut commencer le voyage.

Ma Ânanda Moyi

Tout chemin n'est qu'un chemin parmi des millions d'autres. C'est pourquoi tu dois te souvenir qu'un chemin n'est jamais qu'un chemin. Essaie-le autant de fois que tu le juges nécessaire.

Puis pose-toi à toi-même et à toi seul une seule question. Celle-ci : ce chemin a-t-il un cœur ?

S'il en a un, alors ce chemin est bon ; s'il n'en a pas, il n'est d'aucune utilité. Tout chemin n'est jamais qu'un chemin.

Carlos Castenada

Redécider sa vie

Mais quand on s'est trompé sur le sens de sa vie, peut-on repartir à zéro ? Oui : avec l'amour, tout est possible. « Tu as aimé, va en paix », dit Jésus à Marie-Magdeleine.

Le pharisien et la femme pécheresse

Un pharisien avait invité Jésus à manger chez lui. Il entra dans la maison du pharisien et s'allongea pour le repas.

Or, dans cette ville, il y avait une femme connue comme pécheresse. Sachant que Jésus était à table dans la maison du pharisien, elle se procura un vase précieux rempli de parfum. Elle se tenait en arrière, aux pieds de Jésus, et elle pleurait. Bientôt ses larmes commencèrent à inonder les pieds de Jésus. De ses cheveux elle les essuyait et les embrassait longuement puis elle y versait du parfum.

En voyant cela, le pharisien qui l'avait invité se dit en lui-même : « Si cet homme était prophète, il saurait que celle qui le touche est une pécheresse ; il connaîtrait cette femme et comment elle est. »

Jésus prend alors la parole et lui dit : « Simon, j'ai quelque chose à te dire. » Et celui-ci de répondre : « Parle, maître ! » Jésus reprend : « Un homme a prêté de l'argent à deux clients, l'un lui doit cinq cents pièces d'argent, l'autre cinquante. Comme aucun des deux n'a de quoi lui rendre, il efface leurs dettes à tous les deux. Lequel, à ton avis, l'aimera davantage ? »

Simon répond : « Je suppose que c'est celui qui avait la plus grande dette. » Jésus lui dit : « Tu as bien jugé ! » Et se tournant vers la femme, il dit à Simon : « Tu vois cette femme. Je suis entré chez toi et tu ne m'as pas versé d'eau sur les pieds, mais elle, elle les a inondés de ses larmes et les a essuyés de ses cheveux. Tu ne m'as pas embrassé ; mais depuis qu'elle est entrée, elle n'a pas cessé de m'embrasser longuement les pieds. Tu ne m'as pas parfumé la tête, alors qu'elle a couvert mes pieds de parfum.

C'est pourquoi, je te le dis, ses péchés, ses nombreux péchés lui sont pardonnés, parce qu'elle a beaucoup aimé ! Mais celui à qui l'on pardonne peu, montre peu d'amour ! » Et de nouveau Jésus s'adressa à la femme : « Ta foi t'a sauvée, va en paix. »

Évangile de Luc 7, 36-50

Et Marie-Magdeleine repartit pour une vie toute neuve.

Non, je ne regrette rien

Non, rien de rien
Non, je ne regrette rien,
Ni le bien qu'on m'a fait
Ni le mal
Tout ça m'est bien égal.

Non, rien de rien
Non, je ne regrette rien,
C'est payé, balayé, oublié !
Je me fous du passé !

Avec mes souvenirs
J'ai allumé le feu
Mes chagrins mes plaisirs
Je n'ai plus besoin d'eux
Balayés les amours
Avec leurs trémolos,
Balayés pour toujours
Je repars à zéro !

Non, rien de rien
Non, je ne regrette rien,
Ni le bien qu'on m'a fait
Ni le mal
Tout ça m'est bien égal.
Non, rien de rien
Non, je ne regrette rien,
Car ma vie,
Car mes joies,
Aujourd'hui,
Ça commence avec toi.

Retrouver la source

Chacun possède en lui la source du bonheur : l'amour, qui est étincelle divine. Mais cet amour revêt pour chacun de nous un visage qui lui est propre, comme expression du sens de sa vie. Quelle forme va-t-il prendre en moi ?
Quel ruisseau doit couler de ma source, un ruisseau qui m'est propre et non celui de mon voisin ? Pour qui, pour quoi suis-je fait ? Quel est, par-delà mes désirs plus superficiels, fruits de l'ego, le désir dynamisant mon être ? De l'arbre que je suis, quelles fleurs, quels fruits vont naître ?
Me développer suivant ce que je suis, dans la ligne de mon être, de ma vocation propre : telle est la voie royale du bonheur.

Mais me voici aussitôt appelé à me demander : quelle est la mission de ma vocation ? Quel fruit de beau, de bien, de bon, de vrai, mon arbre doit-il donner ?
Apprendre à être fidèle à sa vérité profonde ; voilà tout un programme de vie...
Alors, par-delà la banalité du quotidien, il s'agira aussi de retrouver en nous la source de la lumière pour laquelle, comme l'aigle royal, nous sommes faits.

L'aigle et le soleil

C'est l'histoire d'un aigle royal qu'un voyageur remarqua un jour en train de picorer dans une basse-cour, complètement inconscient de l'étrangeté de sa situation. Le voyageur offrit au fermier de lui acheter cet oiseau, ce que le propriétaire de la basse-cour accepta volontiers. Le voyageur fit alors plusieurs tentatives visant à réhabiliter l'oiseau royal et à lui permettre de voler, puis de s'élever vers les hauteurs où ses semblables habitaient. Hélas ! sans succès. Qu'il soit lâché du clocher de l'église du village ou du haut d'une montagne toute proche, l'aigle retournait aussitôt dans la médiocrité de la basse-cour.

Un jour, le voyageur eut une idée ; il emporta l'aigle sur la montagne, vers la fin de la nuit, avant que le soleil ne se lève. Au moment où l'astre resplendissant apparut à l'horizon, le voyageur tourna la tête de l'oiseau dans la direction du soleil afin que ses yeux perçants rencontrent la boule de feu qui émergeait des montagnes. L'aigle royal eut un grand frisson. Il se secoua, étendit ses ailes, prit son vol. C'était comme s'il comprenait tout à coup qu'il était fait pour le soleil et pour la liberté. Jamais il ne revint dans la basse-cour !

Les croyants de la Bible disaient : trouver le vrai sens de la vie, c'est trouver Dieu. Et c'est Lui qui nous propose ce chemin de bonheur. À nous de choisir.

Choisis la vie !

Moïse disait au peuple d'Israël : « Je te propose aujourd'hui de choisir la vie et le bonheur, ou bien la mort et le malheur.

Choisis donc la vie, pour que vous viviez, toi et ta descendance, en aimant le Seigneur ton Dieu, en écoutant sa voix, en vous attachant à lui ; c'est là que se trouve la vie, une longue vie sur la terre que le Seigneur a juré de donner à tes pères, Abraham, Isaac et Jacob. »

Livre du Deutéronome 30, 15

Heureux l'homme qui met sa foi dans le Seigneur !

Il est comme un arbre planté près d'un ruisseau, qui donne du fruit en son temps, et jamais son feuillage ne meurt : tout ce qu'il entreprend réussira.

Psaume 1

Construire sa vie...
... sur le roc

Jésus disait : « Si quelqu'un écoute mes paroles que voilà et les met en pratique, on pourra dire de lui : Voici un homme avisé qui a bâti sa maison sur le roc. L'averse est tombée, les torrents sont venus et les vents ont soufflé ; ils se sont jetés sur cette maison, mais elle ne s'est pas écroulée car elle était fondée sur roc.

Par contre, si quelqu'un écoute mes paroles que voilà et ne les met pas en pratique, on pourra dire de lui : Voici un homme sans cervelle qui a bâti sa maison sur le sable. L'averse est tombée, les torrents sont venus et les vents ont soufflé ; ils se sont jetés sur cette maison et elle s'est écroulée : ce fut un vrai désastre ! »

Évangile de Matthieu 7, 21-27

Une vie heureuse et réussie, c'est une vie où l'on s'est pleinement réalisé en tant qu'homme... et malgré tout !

Si...

Si tu peux voir détruit l'ouvrage de ta vie
Et sans dire un seul mot te mettre à rebâtir
Ou perdre d'un seul coup le gain de cent parties
Sans un geste et sans un soupir ;
Si tu peux être amant sans être fou d'amour,
Si tu peux être fort sans cesser d'être tendre
Et te sentant haï, sans haïr à ton tour,
Pourtant lutter et te défendre ;

Si tu peux supporter d'entendre tes paroles
Travesties par des gueux pour exciter des sots,
Et d'entendre mentir sur toi leurs bouches folles
Sans mentir toi-même d'un seul mot ;
Si tu peux être digne en étant populaire,
Si tu peux rester peuple en conseillant les rois
Et si tu peux aimer tous tes amis en frères
Sans qu'aucun d'eux soit tout pour toi ;

Si tu sais méditer, observer et connaître
Sans jamais devenir sceptique ou destructeur ;
Rêver, mais sans laisser ton rêve être ton maître,
Penser sans n'être qu'un penseur ;
Si tu peux être dur sans jamais être en rage,
Si tu peux être brave et jamais imprudent,
Si tu sais être bon, si tu sais être sage
Sans être moral ni pédant ;

Si tu peux rencontrer triomphe après défaite
Et recevoir ces deux menteurs d'un même front,
Si tu peux conserver ton courage et ta tête
Quand tous les autres les perdront,

Alors les rois, les dieux, la chance et la victoire
Seront à tout jamais tes esclaves soumis
Et, ce qui vaut mieux que les rois et la gloire,
Tu seras un homme, mon fils.

Rudyard Kipling (1865-1936)

Il s'agit alors chaque jour de tisser la chaîne et la trame de notre vie.

Le tissu de chaque jour

Notre vie est comme un tissu qui s'élabore,
un tissu dont je ne sais pas ce qu'il sera
mais qui, autour de nous peu à peu,
se tisse sans modèle ni dessin savant.
Dans ce tissu, je peux être un fil, un trait de couleur...
bleu profond ? rouge éclatant ? ou bien le fil de lin gris.
Cette troisième couleur, au dire des tisserands, est la plus importante, le gris neutre de tous les jours,
celui qui fait chanter le bleu profond et le rouge éclatant ;
celui qui est porteur d'harmonie.
N'avoir que ma propre couleur, et de cela me réjouir,
pour qu'elle apporte la joie et non la rivalité,
comme si moi, bleu, j'étais l'ennemi du vert.
Il y a une place pour tous.
Un fil vient à se rompre : aussitôt le travail s'arrête, et les mains patientes de tous les tisserands s'appliquent à le renouer.
Chaque fil, même le plus lumineux, peut disparaître, tissé sous les autres. Il est cependant là, non loin, même si notre œil ne le perçoit plus...
Maintenant c'est au tour du mien d'être lancé à travers la chaîne. Quand son trait aura cessé d'être visible,
alors toute l'harmonie apparaîtra.
Et le bonheur adviendra.

Texte d'un tisserand finlandais

Dieu ne fait qu'ébaucher l'homme, c'est sur la terre que chacun se crée.

Proverbe bamiléké

Dans la vie, il n'y a pas de solutions. Il y a des forces en marche : il faut les créer et les solutions suivent.

Antoine de Saint-Exupéry

Bien remplir son contrat

Les ouvriers employés à la vigne

Jésus disait : « Apprenez donc quelque chose du Royaume des Cieux. Un propriétaire est sorti à la première heure du jour afin d'embaucher des travailleurs pour sa vigne. Il se met d'accord avec les travailleurs pour un denier par jour et il les envoie à sa vigne.

Dans la matinée il en voit d'autres qui sont là sur la place sans rien faire, et il leur dit : "Allez vous aussi à la vigne et je vous donnerai ce qui sera juste." Aussitôt ils y vont. Le propriétaire sort de nouveau à midi, puis dans l'après-midi, et il agit de la même façon.

À la tombée du jour — c'était la onzième heure —, il sort et il en trouve qui sont là assis. Il leur dit : "Pourquoi restez-vous là toute la journée sans rien faire ?" Eux lui répondent : "C'est que personne ne nous a embauchés." Et il leur dit : "Allez donc vous aussi à la vigne."

Le soir venu, le propriétaire de la vigne dit à son intendant : «Appelle les ouvriers et donne-leur leur salaire ; tu commenceras par les derniers et tu continueras jusqu'aux premiers."

Ceux qui ont été embauchés à la onzième heure se présentent donc les premiers ; ils reçoivent un denier. Quand les premiers arrivés se présentent à leur tour, ils pensent qu'ils vont recevoir davantage, mais eux aussi reçoivent un denier.

Pendant qu'on les paie, ils protestent contre le propriétaire : "Ces derniers, disent-ils, n'ont fait qu'une heure, et tu les mets sur le même plan que nous qui avons travaillé toute une journée au soleil."

Il réplique à l'un d'eux : "Mon ami, je ne suis pas injuste avec toi. Nous étions d'accord pour un denier, n'est-ce pas ? Prends ce qui te revient et va-t'en. Moi, je veux donner à ce dernier autant qu'à toi. N'ai-je pas le droit de faire chez moi ce que je veux ? Serait-ce que tu es envieux parce que moi je suis bon ?"

Oui, les derniers seront premiers, et les premiers, derniers. »

Évangile de Matthieu 20, 1-16

L'important c'est de bien remplir le contrat de sa vie. Quel qu'il soit. Avec ses propres talents et ses propres forces. Bien sûr nous pourrons demander à Dieu de venir nous aider. Et il le fera : suivant ce que nous sommes et suivant ce que nous lui demanderons. Mais sans nous décharger de nos responsabilités d'hommes.
C'est ce qui advint à chacun des deux serviteurs.

Les deux serviteurs

Il y a bien longtemps vivait dans un pays lointain un homme riche qui avait deux serviteurs. Un jour il les appela et leur dit :

« J'ai une tâche importante à vous confier. Je veux faire parvenir deux sacs de riz à mon ami qui habite là-haut sur cette montagne. Vous prendrez donc chacun un sac et vous le lui apporterez. Soyez sur vos gardes quand vous traverserez la jungle. Préparez-vous à partir dans une heure. »

Sur ce, il les congédia. Le premier serviteur courut à sa case, ferma la porte derrière lui, se mit à genoux et pria. Le second courut, lui aussi, à sa case, ferma la porte derrière lui, se mit à genoux et pria.

À l'heure convenue, ils retournèrent auprès de leur maître pour prendre livraison de leur charge. Le premier serviteur saisit son sac et se mit en route. Quand le second voulut en faire autant, le maître lui dit : « La moitié du sac suffit. »

Le serviteur sourit et s'en fut, plein de joie. En route, il se dit :

« Mon compagnon de travail n'a aucune idée de ce que l'on peut demander à Dieu dans la prière. Je le lui apprendrai. »

Les deux serviteurs arrivèrent chez l'ami de leur maître, et le second lui remit le sac à moitié plein, qu'il apportait.

L'ami lui dit : « Je suis satisfait ; tu t'es acquitté de la tâche qu'on t'avait confiée. »

Le premier serviteur se présenta à son tour, avec le sac plein. L'ami lui dit : « Je suis satisfait ; tu as porté cette lourde charge et je te remercie. »

Sur le chemin du retour, celui qui avait transporté le sac à moitié plein exposa à son compagnon la manière dont il avait prié.

« J'ai, dit-il, déploré devant Dieu la faiblesse de ma constitution et l'incapacité où elle me mettait de porter un sac plein.

Je lui ai demandé d'alléger le poids de mon sac et Dieu m'a exaucé. »

Son camarade lui répondit : « Moi aussi, j'ai exposé à Dieu ma faiblesse et mon incapacité de porter un sac plein. Je lui ai demandé d'augmenter mes forces et Dieu a exaucé ma prière. Il m'a fortifié et j'ai trouvé mon travail plus léger. »

Légende de Birmanie

Un sens de la Vie à l'échelle de l'humanité

Le pape Jean-Paul II appelle à un tournant culturel, à bâtir une « culture de Vie » à l'encontre de la « culture de mort » qui commence à s'imposer dans l'évolution des mentalités et des cœurs.

Il est urgent de se livrer à une mobilisation générale des consciences et à un effort éthique, pour mettre en œuvre une grande stratégie pour le service de la Vie. Nous devons construire tous ensemble une nouvelle culture de la Vie.

Encyclique *Evangelium Vitae*, 1995

Une vie... comme un rêve de bonheur

Qui n'a rêvé un jour, comme le grand Meaulnes, du « bonheur le plus calme du monde »... ?

Le bonheur le plus calme du monde...

Meaulnes est un adolescent vivant en Sologne. Au cours d'une marche à l'aventure, il arrive dans un pays de rêve au cours d'une fête étrange. Il y découvre l'image du bonheur.
Alain-Fournier, mort au début de la guerre de 1914-1918, raconte ici son rêve de jeunesse.

Il entra dans une pièce silencieuse qui était une salle à manger éclairée par une lampe à suspension. Là aussi c'était fête, mais fête pour les petits enfants.

Les uns, assis sur des poufs, feuilletaient des albums ouverts sur leurs genoux ; d'autres étaient accroupis par terre devant une chaise et, gravement, ils faisaient sur le siège un étalage d'images ; d'autres, auprès du feu, ne disaient rien, ne faisaient rien, mais ils écoutaient au loin, dans l'immense demeure, la rumeur de la fête.

Une porte de cette salle à manger était grande ouverte. On entendait dans la pièce attenante jouer du piano. Meaulnes avança curieusement la tête. C'était une sorte de petit salon-parloir : une femme ou une jeune fille, un grand manteau marron jeté sur ses épaules, tournait le dos, jouant très doucement des airs de rondes ou de chansonnettes. Sur le divan, tout à côté, six ou sept petits garçons et petites filles rangés comme sur une image, sages comme le sont les enfants lorsqu'il se fait tard, écoutaient. De temps en temps seulement, l'un deux, arc-bouté sur les poignets, se soulevait, glissait par terre et passait dans la salle à manger : un de ceux qui avaient fini de regarder les images venait prendre sa place...

Après cette fête où tout était charmant, mais fiévreux et fou, où lui-même avait si follement poursuivi le grand pierrot, Meaulnes se trouvait là plongé dans le bonheur le plus calme du monde.

Sans bruit, tandis que la jeune fille continuait à jouer, il retourna s'asseoir dans la salle à manger, et, ouvrant un des gros livres rouges épars sur la table, il commença distraitement à lire.

Presque aussitôt un des petits qui étaient par terre s'approcha, se pendit à son bras et grimpa sur son genou pour regarder en même temps que lui : un autre en fit autant de l'autre côté. Alors ce fut un rêve comme son rêve de jadis. Il put imaginer longuement qu'il était dans sa propre maison, marié, un beau soir, et que cet être charmant et inconnu qui jouait du piano, près de lui, c'était sa femme...

Apprendre la sagesse et la sérénité

Prendre les choses telles qu'elles sont

La sagesse, c'est de prendre les choses telles qu'elles sont et non telles que nous voudrions qu'elles soient. « Et même l'Église... ! » disent les chrétiens un peu réalistes.

Le jeune homme et l'ermite

Un jour, un jeune homme vint chez un ermite et lui dit :

« Je suis déçu de mon Église et je cherche une communauté parfaite. »

Alors le vieillard le conduisit vers sa vieille chapelle et lui dit :

« Que vois-tu sur ces vieux murs ?

– De la mousse et de mauvaises herbes, répondit le jeune homme surpris.

– Tu vois, continua l'ermite, Dieu habite pourtant cet endroit. Il en est ainsi de l'Église. Elle ne peut être ni parfaite ni pure, car elle est faite d'hommes. Toi aussi tu es un homme, et même si tu découvres la communauté parfaite, elle ne le sera plus dès l'instant où tu y entreras. »

Apologue des Pères de l'Église

Le temps de la sagesse et de la sérénité

Sérénité devant les médisances et les railleries, aussi bien que devant les flatteries : c'est le premier pas de la sagesse.

Une édifiante visite au cimetière

Un maître reçut un jour la visite d'un jeune homme qui voulait devenir son disciple. L'enseignement commença donc, et voici quelle fut la première leçon. Le maître dit au disciple : « Va te promener dans le cimetière et insulte les morts, écoute bien ce qu'ils te répondront, et tu viendras me le dire. »

Le jeune homme va au cimetière et commence à se promener parmi les tombes en proférant des injures abominables... Jamais les morts d'un cimetière n'en avaient entendu de pareilles ! Bientôt à court d'idées, il s'arrête pour écouter la réponse : rien. De retour auprès du maître, il dut avouer que les morts n'avaient pas réagi.

« Ah ! dit le maître, c'est peut-être qu'ils étaient vexés. Tu vas y retourner, mais cette fois tu devras les louer, peut-être se décideront-ils à répondre. » Le jeune homme retourne au cimetière, change de ton et fait aux morts les plus extraordinaires louanges. Rien... le silence.

« Ils ne m'ont toujours rien répondu.

– Eh bien, dit le maître, apprends qu'il faut être comme eux : qu'on te blâme ou qu'on te loue, reste insensible et ne réponds pas. »

O. M. Aïvanhof

Sagesse africaine

Il y a un trou dans le tuyau de la pipe : c'est le travail de l'homme.
Il y un creux dans le tronc de l'arbre : c'est le travail des ans.
Il y a de la sagesse dans le vieillard : c'est le travail de Dieu.

Proverbe de Minyanka

Quand une chèvre est présente,
on ne doit pas bêler à sa place.

Proverbe malien

Un brin de paille
ne balaye pas la cour.

Proverbe zaïrois

Pour arranger une palabre,
on n'apporte pas un couteau qui tranche
mais une aiguille qui coud.

Proverbe bahumbu

Vivre dans l'harmonie

Le bonheur réside dans l'harmonie des choses. Mais aussi dans l'harmonie à l'intérieur de soi-même. Nous en possédons tous les éléments. À nous d'en découvrir la clef d'harmonie. Ne serait-elle pas au-dedans ?

La cithare du bonheur

C'était un homme droit et sincère qui cherchait le chemin du bonheur, qui cherchait le chemin de la vérité. Il alla un jour trouver un vénérable maître soufi dont on lui avait assuré qu'il pourrait les lui indiquer. Celui-ci l'accueillit aimablement devant sa tente et, après lui avoir servi le thé à la menthe, lui révéla l'itinéraire tant attendu : « C'est loin d'ici, certes, mais tu ne peux te tromper : au cœur du village que je t'ai décrit, tu trouveras trois échoppes. Là te sera révélé le secret du bonheur et celui de la vérité. »

La route fut longue. Le chercheur d'absolu passa maints cols et rivières. Jusqu'à ce qu'il arrive en vue du village dont son cœur lui dit très fort : « C'est là le lieu ! Oui, c'est là ! »

Hélas ! dans chacune des trois boutiques il ne trouva comme marchandise que rouleaux de fil de fer dans l'une, morceaux de bois dans l'autre et pièces éparses de métal dans le troisième.

Las et découragé, il sortit du village pour trouver quelque repos dans une clairière voisine. La nuit venait de tomber. La lune remplissait la clairière d'une douce lumière. Lorsque tout à coup se fit entendre une mélodie sublime. De quel instrument provenait-elle donc ? Il se dressa tout net et avança en direction du musicien. Lorsque, stupéfaction, il découvrit que l'instrument céleste était une cithare faite des morceaux de bois, des pièces de métal et des fils d'acier qu'il venait de voir en vente dans les trois échoppes du village.

À cet instant, il connut l'éveil. Et il comprit que le bonheur est fait de la synthèse de tout ce qui nous est déjà donné, mais que notre tâche d'hommes intérieurs est d'assembler tous ces éléments dans l'harmonie.

Conte soufi

Le bonheur, c'est aussi l'harmonie vécue entre les hommes : chacun différent et chacun portant son propre fruit. Différents, mais complémentaires. Comme le sont tous les croyants du monde, différents dans leurs chemins, mais tendus vers le même but. Différents dans leurs rattachements, mais tous entés sur le même tronc, sur le même cep, comme les sarments de la vigne.

La vigne

Je suis la vraie vigne et mon Père est le vigneron. Quand une branche en moi ne porte pas de fruit, il l'enlève ; quand une branche donne du fruit, il la taille et la nettoie pour qu'elle en porte davantage.

Une branche ne pourra pas donner de fruits par elle-même si elle ne reste pas sur la vigne ; ce sera pareil pour vous si vous ne restez pas en moi.

Je suis la vigne et vous êtes les branches. Sans moi vous ne pouvez rien faire, mais celui qui demeure en moi et moi en lui, porte beaucoup de fruits. Mon Père est glorifié quand vous portez beaucoup de fruits : c'est alors que vous êtes mes disciples.

Évangile de Jean 15, 1-8

Chaque branche est différente mais le fruit est le même

Quand j'étais enfant, il y avait dans notre jardin un très grand arbre, sorte de paradis pour les petits garçons. Après l'école, en été, j'y vivais pratiquement, souvent avec des camarades. Nous connaissions chaque branche, et tous les chemins qu'on pouvait emprunter pour se déplacer d'une branche à l'autre. Et c'est vrai, chaque branche était différente. Sur une des plus solides mes parents avaient attaché une balançoire ; l'écorce était usée et rayée par des années de friction par la corde. Certaines branches étaient vieilles, presque pourries. Il ne fallait par trop y compter pour une bonne prise. D'autres étaient plus jeunes, vertes et souples. Mais toutes faisaient partie du même arbre.

Quand Jésus affirme être la vraie vigne, il accepte qu'en lui il y ait des sarments différents. Certains portent du fruit, d'autres davantage, d'autres encore beaucoup de fruits, ou du fruit qui demeure. Mais tous les sarments ne se ressemblent pas. Pouvez-vous imaginer une vigne dont tous les sarments seraient identiques ? Peut-être un arbre de Noël artificiel, oui, mais justement, ce genre d'arbre sort d'une usine humaine, non pas de la Création de Dieu. Dans la nature, rien n'est identique – même les flocons de neige ont chacun un dessin unique. Dieu ne s'intéresse pas à l'uniformité – il n'y a que nous pour chercher cela, parce que la différence des autres nous dérange trop. Mais Dieu est un Dieu de variété infinie – « la grâce multicolore de Dieu ».

Tous différents, ô combien différents, mais tous des sarments dans la Vigne qui les réunit tous, Jésus Christ. « Je suis la vigne : vous les sarments. » Mais si les sarments sont différents, s'ils ont une forme différente, des forces et des faiblesses différentes, il y a quand même une chose qui ne change pas de branche en branche, c'est le fruit. Parce qu'on est tous attaché à la même vigne, au même pied, aux mêmes racines, on porte tous le même fruit. En principe. Vous avez déjà vu un arbre dont une branche porte des pommes, une autre des bananes, une autre des noix, et une autre des raisins ? Non. Jésus est la vigne ; si nous demeurons en lui, quelle que soit l'étiquette collée à notre branche, nous porterons le même fruit. Il n'y a pas un fruit catholique, un autre orthodoxe, un autre protestant. Il n'y a que le fruit produit par la vie de Jésus Christ en nous.

Et c'est quoi ce fruit ?

Eh bien, c'est simple, le fruit cherché par Dieu, quand il vient inspecter sa vigne, et les différents sarments, ce n'est rien d'autre que l'amour.

La loi tout entière trouve son accomplissement en cette unique parole : « Tu aimeras ton prochain comme toi-même » (Galates 5, 14).

Prédication d'un pasteur baptiste

Pourquoi y a-t-il tant de religions ?

Vivre dans l'harmonie entre chrétiens différents.
Vivre dans l'harmonie entre religions différentes.
Cela doit s'apprendre dès l'enfance.

Une leçon de catéchisme à de petits chrétiens

La route des vacances offre parfois de drôles de surprises. Nous voici à un carrefour. Pour la même destination, plusieurs panneaux. À droite, Castel-les-Roches par le bord de mer : 27 kilomètres. Au centre, Castel-les-Roches par la RN 323 : rejoindre la D12 à 10 kilomètres. Quelle route prendre ?

Grave question. Cela dépend du point de vue que l'on veut avoir sur le paysage et aussi de la manière dont on est déjà engagé sur la route.

Une question de point de vue...

Chaque religion est comme un lacet de route de montagne qui offre une perspective nouvelle sur la beauté de Dieu. Chaque religion apporte sa note à elle dans ce merveilleux paysage du Créateur de tous les hommes.

Selon les uns et les autres, il y a toujours un aspect du mystère de Dieu qui nous frappe plus spécialement. Ainsi, les Orientaux ne sont pas forcément sensibles aux mêmes choses que les Occidentaux. Le bouddhisme, l'hindouisme, l'islam ont quelque chose à apporter aux chrétiens.

Une question d'embranchement...

Si tu nais en pays arabe, il y a de grandes chances que tu sois musulman. Si tu nais en Vendée, il y a de grandes chances que tu sois chrétien.

Notre religion dépend, en partie, du pays où nous habitons, de la société à laquelle nous appartenons et de l'éducation que nous recevons. Cela nous ennuie quand même un peu de nous sentir conditionnés par tant de choses qui ne dépendent pas de notre liberté. Dieu, lui, ne semble pas gêné qu'il y ait plusieurs façons d'être relié à lui. Et c'est bien ce que veut dire d'ailleurs le mot « religion » : être « relié » à Dieu.

Oui, il y a plusieurs manières d'approcher Dieu, et la beauté de Dieu est tellement belle qu'aucune religion ne peut prétendre l'accaparer. Aucune religion n'est «propriétaire» de Dieu. Mais les hommes sont terribles. Ils veulent toujours annexer Dieu. On voudrait que Dieu décerne toujours le premier prix à la religion que l'on a adoptée. Dieu aime toutes les religions ; à chaque religion il accorde son prix.

« Quelle est la bonne religion ? »

Pour nous chrétiens, nous bâtissons notre vie sur la parole de Jésus : « Je suis le chemin. » Jésus nous apprend qu'il est Le chemin de Dieu. Et parce qu'il est la Parole de Dieu, ce chemin n'est autre que l'Évangile.

Aussi, à partir du moment où l'on fait confiance à Jésus Christ, on sait que l'Évangile est le chemin idéal de Dieu, le chemin pour trouver Dieu.

Cela exige de chaque chrétien qu'il choisisse librement, personnellement Jésus Christ comme chemin de vie et qu'il s'engage à suivre le chemin indiqué. Le chemin qui rend « bienheureux ».

Alors ne disons pas bêtement, au hasard, qu'il vaut mieux passer par la corniche, le bord de mer ou la nationale. Cherchons plutôt, d'après ce que nous sommes, la route où le Seigneur nous attend. Et écoutons la Parole de Jésus lui-même : « Il y a beaucoup de place dans la maison du Père. »

Il y a aussi beaucoup de routes qui y mènent et forcément beaucoup de détours...

Pierre Talec

Je suis la Voie,
la Vérité,
la Vie.

Jésus

François d'Assise et les écrits païens

Quand Frère François apercevait un fragment de l'Écriture ou d'auteur profane traînant par terre, sur la route ou dans une maison, il le ramassait avec beaucoup de respect et le replaçait dans une église ou dans un lieu décent ; s'il le traitait ainsi avec honneur, c'est qu'il pouvait contenir le Nom du Seigneur ou des propos s'y rapportant. Un frère lui demanda un jour pourquoi il mettait tant de soin à recueillir même les écrits des païens, où l'on ne trouve pas le Nom du Seigneur ; il répondit : « Mon fils, c'est parce qu'on y trouve les lettres qui composent le très glorieux Nom du Seigneur Dieu. Tout ce qu'il y a de bien dans ces écrits n'appartient ni aux païens ni à qui que ce soit, mais à Dieu seul, de qui nous vient tout bien. »

Extrait de la *Vita Prima* de saint François d'Assise,
par Thomas de Celano, I, 29, n° 82

Il y a plus d'une sagesse et toutes sont nécessaires au monde : il n'est pas mauvais qu'elles alternent.

Marguerite Yourcenar

Sérénité…

Jésus disait à ses disciples : « Ne crains pas, petit troupeau ! Ne craignez pas ceux qui peuvent faire du mal à votre corps, mais pas à votre âme. » Garder son calme intérieur en toutes circonstances, telle est la voie de la sérénité. C'est déjà la voie du nirvana, disent les sagesses d'Extrême-Orient.

Sans cligner des yeux

Dans le Japon médiéval, une armée rebelle avait envahi une ville restée fidèle à son shogun. Tous les habitants avaient pris la fuite, même les moines du temple zen. Tous, sauf le vieux maître qui reçut sur un ton glacial le général rebelle qui lui rendit visite. Très contrarié, le regard furieux, la main serrant la poignée de son sabre comme pour le sortir de son fourreau, le général hurla :

« Savez-vous que vous avez en face de vous un homme capable de vous pourfendre sans même cligner des yeux ?

– Et vous, répondit calmement le maître, savez-vous que vous avez en face de vous un homme prêt à être pourfendu sans même cligner des yeux ? »

Le général demeura quelques instants silencieux, puis il s'inclina et se retira.

Apologue zen

Tirez la leçon des malheurs des autres, afin que les autres n'aient pas à tirer la leçon de vos malheurs.

Saadi

... Savoir vieillir...

Méditation souriante...
pour ceux qui se croient toujours jeunes !

J'ai cueilli mes 80 ans dernièrement et j'y pense souvent : ainsi le coin de la rue est deux fois plus loin qu'avant.

Et ils ont ajouté une montée que je n'avais pas remarquée !

J'ai dû cesser de courir après le bus parce qu'il démarre bien plus vite qu'avant.

Je crois qu'on fait les marches d'escalier bien plus hautes que dans le temps.

Et avez-vous remarqué les petits caractères que les journaux se sont mis à employer ?

Cela ne sert à rien aux gens de parler clairement. Tout le monde parle si bas qu'on ne comprend quasi rien.

On vous fait des vêtements si serrants, surtout à la taille et aux hanches que c'est désagréable !

Les jeunes gens eux-mêmes ont changé. Ils sont bien plus jeunes que quand j'avais leur âge. Et d'un autre côté, les gens de mon âge sont bien plus vieux que moi !

L'autre jour, je suis tombé sur une vieille connaissance : elle avait tellement vieilli qu'elle ne me reconnaissait pas !

Je réfléchissais à tout cela en faisant ma toilette ce matin. Ils ne font plus d'aussi bons miroirs qu'il y a soixante ans.

... avec parfois un peu de passion...

La sagesse, c'est d'être raisonnable... mais avec passion.

Suivant la définition des stoïciens, la sagesse consiste à prendre la raison pour guide. La folie au contraire, à obéir à ses passions.

Mais pour que la vie des hommes ne soit pas tout à fait triste et maussade, Jupiter leur a donné bien plus de passion que de raison...

Érasme

Votre raison et votre passion sont le gouvernail et les voiles de votre âme navigante.

Si les voiles ou votre gouvernail se brisent, vous ne pouvez qu'être ballottés et aller à la dérive, ou rester ancrés au milieu de la mer.

Car la raison, régnant seule, restreint tout élan ; et la passion abandonnée à elle-même est une flamme qui brûle jusqu'à sa propre destruction.

Ainsi, que votre âme élève votre raison à la hauteur de la passion, pour qu'elle puisse chanter, et que la raison dirige votre passion pour que votre passion puisse vivre dans une quotidienne résurrection et, tel le Phénix, renaître de ses propres cendres.

Khalil Gibran

Le sage sait ce qu'il dit. L'insensé dit ce qu'il sait.

Proverbe yiddish

... voire un brin d'astuce !

Le gérant astucieux

Jésus dit encore aux disciples : « Quelqu'un de riche avait un intendant, et on vint lui rapporter que l'intendant dissipait ses biens. Il l'appela et lui dit : "Qu'est-ce que j'entends dire de toi ? Donne-moi les comptes de ta gestion car désormais c'est fini de gérer mes biens."

L'intendant se dit en lui-même : "Que vais-je faire si mon maître me retire la gestion ? Bêcher la terre ? Je n'en ai pas la force. Mendier ? J'en aurais honte. Eh bien, je sais ce que je vais faire : il y aura des gens pour m'accueillir chez eux quand j'aurai été renvoyé de mon poste."

Il appelle donc un à un ceux qui doivent de l'argent à son maître. Il dit au premier : "Combien dois-tu à mon maître ?"

Celui-ci répond : "Cent barils d'huile." L'intendant lui dit : "Prends ton reçu, assieds-toi, et écris vite : Cinquante." Il dit à un autre : "Et toi, combien dois-tu ?" Celui-là répond : "Cent mesures de blé." L'intendant lui dit : "Prends ton reçu et écris : Quatre-vingts."

Le maître ne put qu'admirer cet intendant malhonnête car il avait agi en homme sage. »

Évangile de Luc 16, 1-8

Jésus n'approuve pas pour autant la malhonnêteté de l'intendant. Il souligne seulement, avec quelque humour, sa clairvoyance et sa sagesse pour préparer l'avenir : le gérant a compris à temps que les amis durent plus que l'argent et que l'argent n'est pas le vrai bien.
Le contrebandier basque, lui, usait d'un autre stratagème. Il vaut bien la peine de faire un détour pour narrer son histoire, non pour l'exemple, certes ! mais pour l'humour là aussi...

Le contrebandier basque

Cet homme était contrebandier, tout le monde le savait, mais quand il passait la frontière, les douaniers ne trouvaient jamais rien dans les paniers remplis de paille que son âne transportait. Et pourtant à son retour, l'âne ne portait plus que des paniers vides. Les douaniers enrageaient d'autant plus qu'au fil des jours le contrebandier avait l'air de s'enrichir sérieusement...

Un jour, on ne le vit plus, fortune faite. Les douaniers n'avaient toujours rien compris à son manège. Un d'entre eux le retrouva après, dans un autre pays, vivant dans l'opulence et lui demanda son secret :

« Tu n'as plus rien à craindre de moi, maintenant. De quoi faisais-tu donc la contrebande ?

– Des ânes, bien sûr... », lui répondit l'homme...

Histoire du Pays basque

Au terme, la paix du cœur...

– Comment connaître aujourd'hui la paix du cœur ?

Pape Shenouda : – Si nous sommes troublés par des événements ou des agressions extérieures, c'est de notre propre responsabilité. Jean Chrysostome disait qu'on ne peut pas blesser quelqu'un si celui-ci ne veut pas être blessé.

Si une personne vous met en colère, ce n'est pas elle la responsable, c'est qu'il y a de la colère en vous. S'il n'y avait pas de colère en vous, qui est-ce qui lui aurait répondu ?

Mettez du feu dans l'eau, le feu ne brûle pas l'eau, le feu n'est pas nourri par l'eau. Mettez du feu dans du coton, le feu est nourri, il s'enflamme.

La colère qui est en vous nourrit la flamme ; la paix qui est en vous l'éteint.

Cessez de dire : cette personne m'énerve ; dites plutôt : je m'énerve avec elle. Elle ne peut réveiller que ce qui est déjà en vous. C'est pour cela que le sage n'accuse jamais personne, il s'accuse lui-même.

Mettez des cendres dans un verre d'eau, celui-ci sera pollué. Mettez ces mêmes cendres dans un océan, elles seront vite oubliées.

Avez-vous le cœur comme un verre d'eau ou comme un océan ?

Jeudi 28 octobre 1993, au monastère de Saint-Bichoy, Égypte

... Dans le juste milieu

La sagesse est dans la modération des désirs et des renoncements, dans la paisible félicité du juste milieu. Voici une autre histoire d'instrument de musique.

Le sitar du musicien

Le prince Cakyamouni, qui n'était pas encore Bouddha l'Illuminé, cherchait désespérément, nous le savons, la réponse à la lancinante question : « Pourquoi les hommes souffrent et sont malheureux ? » Après avoir regardé du côté des brahmanes, de leurs rites et de leurs sacrifices sans trouver de réponse, il se fait yogi. Il se dépouille de tout et se livre aux plus extrêmes austérités : sans trouver davantage la réponse. C'est alors qu'il s'assoit en méditation sous l'arbre sacré, le *bod-tree*, toujours à la recherche de l'illumination intérieure.

Or, voici que passent deux musiciens avec leurs sitars, cette harpe indienne aux sons mélodieux. Ceux-ci s'assoient au pied de l'arbre et ajustent leurs instruments. Et l'un d'eux, le plus expérimenté à l'évidence, donne à l'autre ce sage conseil :

« Ne tends pas trop les cordes : elles risqueraient de casser. Mais ne les laisse pas trop lâches non plus : elles ne vibreraient plus suffisamment. Observe le juste milieu. »

Cakyamouni comprit alors que ces paroles étaient dites pour lui. Il reçut l'illumination et devint le Bouddha. Il abandonna ses austérités et suivit la voie de la sagesse et de la modération : la voie du Juste Milieu, qui est celle de la félicité à laquelle peuvent prétendre tous les hommes.

Apologue bouddhiste

Donner...
et rendre grâces pour la vie

Donner... donner... donner...

Lazare et le riche

Jésus disait : « Il y avait un homme qui s'habillait de pourpre et de lin fin et mangeait royalement tous les jours. Un pauvre du nom de Lazare, tout couvert d'ulcères, était allongé à côté de sa porte.

Il aurait bien voulu se nourrir de ce qui tombait de la table du riche ; même les chiens venaient lécher ses ulcères. Or, le pauvre mourut et les anges l'emportèrent jusque dans le repli du manteau d'Abraham. Le riche aussi mourut et il eut un enterrement.

Comme il était au supplice dans le séjour des morts, il leva les yeux et aperçut de loin Abraham avec Lazare auprès de lui. Alors il se mit à crier : "Père Abraham, aie pitié de moi et envoie-moi Lazare ! Qu'il trempe dans l'eau le bout de son doigt et qu'il vienne me rafraîchir la langue, car je suis au supplice dans cette flamme."

Abraham répondit : "Mon enfant, souviens-toi que pendant ta vie tu as reçu toutes tes bonnes choses, et Lazare, lui, bien des maux. Maintenant il est ici consolé et toi torturé. De plus, vois ce chaos formidable entre nous et vous : ceux qui voudraient passer d'ici vers vous ne le peuvent pas, et de même on ne peut traverser de là-bas vers nous."

L'autre reprit : "Dans ce cas, père, envoie-le chez mes parents, chez mes cinq frères ; qu'il leur apporte son témoignage pour qu'ils ne viennent pas eux aussi dans ce lieu de tortures." Abraham répondit : "Ils ont Moïse et les prophètes, qu'ils les écoutent !" L'autre lui dit : "Ils ne le feront pas, père Abraham, mais si un mort allait les trouver, ils se repentiraient !"

Abraham répondit : "S'ils n'écoutent pas Moïse, et les prophètes, même avec la résurrection d'un mort on ne les convaincrait pas." »

Évangile de Luc 16, 19-31

Une sorte de loi fatale, contre laquelle il faut sans cesse lutter, semble faire en effet qu'un profond fossé sépare dès cette terre les riches et les pauvres, si l'on n'y prend garde. Ce fossé que « l'homme riche qui s'habillait de pourpre et de lin fin » a creusé entre lui et le « pauvre Lazare allongé à côté de sa porte » devient de l'autre côté un abîme infranchissable.
Comment éviter alors la catastrophe ? Comment utiliser intelligemment ses richesses ? Il doit bien y avoir une voie juste... C'est peut-être celle qu'ont su inventer les deux frères de ce conte oriental.

Deux frères qui s'aimaient

Deux frères dont l'un était célibataire et l'autre marié possédaient une ferme dont le sol fertile produisait du grain en abondance. Une moitié du grain allait à l'un des frères et une moitié à l'autre. Au début, tout alla bien. Puis, de temps à autre, celui qui était marié commença à s'éveiller en sursaut au cours de la nuit et à penser : « C'est pas juste. Mon frère n'est pas marié et il reçoit la moitié du produit de la ferme. Moi, j'ai une femme et cinq enfants, et j'ai toute la sécurité dont j'ai besoin pour mes vieux jours. Mais qui prendra soin de mon pauvre frère, quand il vieillira ? Il lui faut épargner pour l'avenir beaucoup plus qu'il ne le fait actuellement ; aussi ses besoins sont manifestement plus grands que les miens. »

Sur ces pensées, il sortait du lit, se glissait furtivement chez son frère et déposait un plein sac de grain dans la réserve de celui-ci.

Le célibataire commença lui aussi à subir semblables attaques nocturnes. De temps à autre, il était tiré de son sommeil et se disait à lui-même : « C'est tout simplement pas juste. Mon frère a une femme et cinq enfants et il reçoit la moitié du produit de la terre. Moi, je n'ai que moi-même à soutenir. Alors, est-il juste que mon pauvre frère, dont les besoins sont manifestement plus grands que les miens, reçoive exactement la même chose que moi ? » Puis, il quittait le lit et déposait un plein sac de grain dans la réserve de son frère.

Un jour, ils se levèrent du lit en même temps et se retrouvèrent face à face, un sac de grain sur le dos !

Nombre d'années plus tard, après la mort des deux frères, l'histoire se fit jour. Aussi, quand les gens de cette ville voulurent construire un temple, ils choisirent l'endroit où les deux frères s'étaient rencontrés parce qu'ils ne pouvaient imaginer d'endroit plus saint que celui-là.

Conte d'Orient (A. De Mello)

Veux-tu vivre gaiement ? Chemine avec deux sacs : l'un pour donner, l'autre pour recevoir.

Goethe

Certains n'ont pas leur content de bonheur sur la terre, comme Lazare, pauvres, malades, miséreux. Et pourtant ils ont le cœur bon, ils vivent une vie droite. D'autres semblent par contre recevoir plus que leur content de jouissance, riches, repus, rassasiés de pouvoirs et d'honneurs. Mais, le cœur fermé et égoïste, ils ne voient même pas le pauvre à leur porte. Ne faudrait-il pas qu'il y ait un jour, ici-bas ou sur l'autre rive, un juste retour des choses où les pendules seraient remises à l'heure, où l'on aurait à payer sa dette « jusqu'au dernier sou » ? Ce serait la loi de justice : on récolte exactement ce que l'on a semé. Jésus disait : « On usera pour vous de la même mesure dont vous aurez usé avec les autres. »

Finalement, « aimer son prochain comme soi-même » représente bien le premier article du code de la route du bonheur, pour ici-bas et pour l'au-delà, nous l'avons découvert tout au long du parcours. Et son corollaire s'énonce ainsi : « Ne fais pas à autrui ce que tu ne voudrais pas qu'il te fasse à toi-même. » Voici comment un jeune bambin, le dernier de la maisonnée, l'enseigna à sa manière, bien sagement, au chef de famille.

L'assiette en bois

Autour de la longue table de la salle à manger, dans la ferme familiale, les grands-parents, les enfants, les petits-enfants, prennent leurs repas à heures fixes. Le chef de famille règne en bout de table, veillant au bon déroulement des agapes.

Il surveille tout particulièrement le grand-père, qui casse régulièrement son assiette ou son verre depuis qu'il est atteint des tremblements de la maladie de Parkinson. Une fois de plus ce jour-là, l'assiette tombe et se brise en morceaux. Excédé, le père ordonne à sa femme de donner au grand-père maladroit une assiette en bois. Personne, bien sûr, n'ose faire la moindre remarque...

Quelques jours plus tard, cependant, au coin de la cheminée, le plus jeune des petits-enfants — six ans, peut-être sept — paraît très occupé, très concentré, un petit couteau d'une main, un rondin de bois de l'autre. Intrigué, le père fronce les sourcils et lui demande :

« Que fais-tu donc, avec ce morceau de bois ?

– Je creuse ton assiette pour quand tu seras vieux », répond l'enfant, sagement.

Légende populaire

Partager ce que l'on a et ce que l'on est

La veuve et la piécette

Jésus s'était assis devant le trésor du Temple et observait comment la foule jetait des monnaies dans le tronc. Il y avait des riches qui en jetaient beaucoup ; puis vient une veuve pauvre qui jette deux petites pièces d'un demi-quart.

Alors Jésus appelle à lui ses disciples et leur dit : « En vérité, je vous le dis : cette veuve toute pauvre a jeté plus que tous les autres dans le tronc du Trésor. Car tous ceux-là ont donné de ce qui ne leur manquait pas ; mais elle, dans sa pauvreté, a mis tout ce qu'elle avait pour vivre. »

Évangile de Marc 12, 41-44

Et le cœur de la veuve était bien plus rempli d'allégresse que celui des riches pèlerins du Temple. Car la joie du cœur est dans le don. Dans le don de soi-même. Dans le don de la vie.

« Parlez-nous du don »

Alors un homme riche dit : « Parlez-nous du don. » Et le prophète répondit : « Vous ne donnez que peu lorsque vous donnez de vos biens. C'est lorsque vous donnez de vous-mêmes que vous donnez réellement...

Il en est qui donnent peu de l'abondance qu'ils ont — et ils donnent pour susciter la reconnaissance, et leur désir secret corrompt leur don.

Il en est qui ont peu et qui le donnent entièrement. Ceux-ci croient en la vie, et leur coffre n'est jamais vide.

Il en est qui donnent avec joie, et cette joie est leur récompense.

Il en est qui donnent avec douleur, et cette douleur est leur baptême.

Il en est qui donnent et ne ressentent ni douleur ni joie et ne sont pas conscients de leur vertu, ils donnent comme dans la vallée là-bas le myrte exhale son parfum dans l'espace. Par les mains de tels êtres, Dieu parle, et à travers leur regard il sourit à la terre.

Vous dites souvent : "Je donnerai, mais seulement à ceux qui le méritent."

Les arbres de vos vergers ne parlent pas ainsi, ni les troupeaux dans vos pâturages. Ils donnent afin de vivre, car retenir c'est périr...

Voyez d'abord à mériter vous-mêmes d'être donneur et instrument du don.

Car en vérité, c'est la vie qui donne à la vie. »

Khalil Gibran

Un sourire coûte moins cher que l'électricité et il donne autant de lumière.

Abbé Pierre

L'amour, c'est faire du bonheur d'un autre le sien propre.

Leibniz

Pourquoi ma lampe s'est-elle éteinte ?

Pourquoi la lampe s'est-elle éteinte ?...
Pourtant je l'entourais de mon pagne
Pour la protéger du vent...
Mais c'est justement pour cela qu'elle s'est éteinte.

Pourquoi la rivière s'est-elle desséchée ?...
Pourtant je l'avais barrée avec une digue
Pour qu'elle ne serve qu'à moi seul.
Mais c'est justement pour cela qu'elle s'est desséchée.

Pourquoi la fleur n'a pas donné son fruit ?…
Pourtant je voulais la garder pour moi tout seul.
Mais c'est justement pour cela qu'elle s'est perdue.

Pourquoi le cœur est-il mort ?...
Pourtant je ne songeais qu'à moi seul.
Mais c'est justement pour cela qu'il est mort.

Pourquoi ai-je perdu le bonheur ?...
Ce bonheur que je voulais tellement protéger.
Mais pour moi tout seul.

Un jeune Congolais

La véritable histoire du Père Noël

Voici de quoi il s'agit : il y a sept ou huit cents ans – la date exacte de sa naissance fait l'objet de beaucoup de controverses – vivait dans un village dit des « vieux pays » un bonhomme qui s'appelait Noël parce qu'il était né le même jour que l'Enfant Jésus et – comme lui – dans une étable. Il était colporteur et, sa hotte sur le dos, allait de village en village vendre de la petite mercerie.

En ce temps-là les jouets n'existaient pas. Seuls les enfants des rois et des princes ou des gens très riches recevaient des cadeaux.

Un jour le bonhomme Noël, que sa vie vagabonde avait conduit « au pays des fruits d'or et des matins vermeils » (j'imagine que c'est en Provence), vit toute une collection de petits bonhommes, de petites bonnes femmes et de petits animaux en terre cuite : l'âne, le bœuf, le chien et l'agneau. C'étaient, vous l'avez deviné, des santons. Il les trouva si beaux qu'il décida de les copier et, le soir de Noël, d'en donner un à chacun des petits enfants pauvres de son village.

Rentré chez lui, dans sa vieille chaumière de la montagne, il se mit au travail. La première chose qu'il fit fut une poupée. Et il fabriqua successivement un cheval de bois, un ours en peau de lapin, un agneau avec de la laine et même une petite voiture avec de vraies roues.

À ce train-là, au bout d'un mois, il avait une trentaine de jouets. Alors, le soir de Noël, il les mit dans sa hotte et descendit au village. Les gens revenaient de la messe et rentraient frileusement dans leurs maisons. Le colporteur arrêta une vieille femme et lui offrit une poupée pour sa petite-fille. Pensant qu'il voulait la lui vendre, la bonne vieille, qui n'avait pas d'argent, refusa.

Il arrêta un homme et lui offrit un cheval de bois pour son petit garçon. L'homme, pour la même raison, repoussa le vieillard et ferma sa porte. Alors le vieux, tout triste, se demanda ce qu'il allait faire de ses jouets...

S'il avait rencontré un petit enfant, il aurait sans malice pris le jouet sans demander d'explications, mais tous les petits enfants étaient couchés... Comment faire ? Il frappa à une porte. On ne répondit pas. Il frappa à une autre. Le maître le menaça de sa fourche. Il allait remonter dans sa montagne, quand il remarqua la cheminée d'une chaumière. En ce temps-là, les cheminées étaient très larges et un homme pouvait s'y glisser.

Les gens qui l'habitaient devaient s'être couchés sans souper car elle ne fumait pas. Puisqu'on refusait de lui ouvrir les portes, le bonhomme décida qu'il entrerait par la cheminée.

Il monta sur le toit, descendit dans le trou noir et quand il fut dans la maison où tout le monde dormait, il prit les sabots des enfants et dans chacun d'eux il mit un jouet. Puis il s'en alla comme il était venu.

Il visita ainsi toutes les chaumières les plus pauvres — celles dont la cheminée ne fumait pas — et dans chacune d'elles déposa un cadeau.

Quand les enfants se réveillèrent tôt et qu'ils trouvèrent les joujoux dans leurs sabots, ce fut une explosion de joie telle que tout le village l'entendit.

Alors, comme le Ciel aime les êtres de bonne volonté, les anges décidèrent que l'esprit de Noël se perpétuerait au long des siècles et que chaque année, la nuit où Jésus naquit, un père Noël visiterait tous les enfants sages.

Et depuis lors, comme vous le savez, il en a toujours été ainsi...

Conte de Noël (J.-E. Vautier)

Il n'est rien plus grand que l'amour

Je peux bien parler les langues des hommes et aussi celles des anges, si je n'ai pas l'amour, je suis comme la trompette ou la cymbale ; du bruit et rien de plus.

Je peux prophétiser et découvrir tous les mystères et le plus haut savoir, je peux avoir la foi parfaite jusqu'à transporter les montagnes, si je n'ai pas l'amour je ne suis rien.

Et si je donne tout ce que j'ai, si je me sacrifie moi-même, mais pour en tirer gloire et sans avoir l'amour, cela ne me sert de rien.

Première lettre de Paul aux Corinthiens 13, 1-3

« Tu leur apportes le bonheur et l'amour »

La célèbre chanteuse Édith Piaf raconte quelques-uns des merveilleux souvenirs de sa vie avec Marcel Cerdan, champion du monde de boxe.

Les exemples de son extraordinaire charité, je pourrais en citer à la pelle. Le plus touchant, celui qui m'a, moi, le plus émue, c'est celui-ci.

C'était un jour où il disputait un combat contre un vieux boxeur qui ne pouvait faire le poids devant lui. Il allait le mettre K.O., lorsqu'il l'entendit le supplier : « Laisse-moi durer, Marcel, laisse-moi durer. »

Alors, il s'est contenté de gagner aux points, et il s'est laissé siffler par la salle sans broncher.

Quand il me racontait l'histoire, il m'expliquait : « Ils me sifflaient, mais jamais je n'avais éprouvé une telle joie. Tu vois, Édith, dans la vie, il faut toujours être bon. »

Et à New York, un soir, Cerdan m'a donné la plus grande joie de ma vie. J'avais chanté, lorsque vers minuit on vint m'apprendre qu'il y avait une fête à Coney Island. Marcel était à côté de moi. Joyeux, il m'a prise par le bras et il m'a dit : « Je te paie un tour de chevaux de bois, viens. »

Nous sommes partis comme des gosses. Après le manège il m'a entraînée sur le scenic-railway. Il hurlait de joie. Je criais de terreur. Des centaines de gens s'étaient groupés autour de nous.

Et ils criaient : « It's Cerdan ! Hip ! hip ! hip ! hourrah ! »

Marcel m'a dit dans le creux de l'oreille : « Ils m'ont reconnu, et pas toi. » J'étais déjà vexée, quand une voix a crié : « Édith ! chantez-nous *La vie en rose*. »

Alors, on a arrêté tous les manèges, un grand silence s'est fait, et j'ai chanté.

Quand, à la fin, les gens m'ont applaudie, je me suis retournée : Marcel avait l'air bouleversé. Il m'a dit : « Ce que tu fais, Édith, est meilleur que ce que je fais. Toi, tu leur apportes le bonheur et l'amour. »

Bonheur ici-bas et bonheur dans l'au-delà

Puisque l'amour est au cœur du Royaume, il sera aussi le critère d'accès à la Béatitude, quand nous serons passés sur l'autre rive.

Les brebis et les boucs

« Quand le Fils de l'homme viendra dans sa gloire et tous les anges avec lui, alors il siégera sur son trône de gloire. Toutes les nations seront rassemblées devant lui ; il séparera les hommes les uns des autres, comme le berger sépare les brebis des chèvres : il placera les brebis à sa droite, et les chèvres à sa gauche.

Alors le roi dira à ceux qui seront à sa droite : "Venez, les bénis de mon Père, recevez en héritage le Royaume préparé pour vous depuis la création du monde. Car j'avais faim, et vous m'avez donné à manger ; j'avais soif, et vous m'avez donné à boire ; j'étais un étranger, et vous m'avez accueilli ; j'étais nu, et vous m'avez habillé ; j'étais malade, et vous m'avez visité ; j'étais en prison, et vous êtes venus jusqu'à moi !" Alors les justes lui répondront : "Seigneur, quand est-ce que nous t'avons vu... ? Tu avais donc faim, et nous t'avons nourri ? Tu avais soif, et nous t'avons donné à boire ? Tu étais un étranger, et nous t'avons accueilli ? Tu étais nu, et nous t'avons habillé ? Tu étais malade ou en prison... Quand sommes-nous venus jusqu'à toi ?" Et le roi leur répondra : "Amen, je vous le dis : chaque fois que vous l'avez fait à l'un de ces petits qui sont mes frères, c'est à moi que vous l'avez fait."

Alors, il dira à ceux qui seront à sa gauche : "Allez-vous-en loin de moi, maudits, dans le feu éternel préparé pour le démon et ses anges. Car j'avais faim, et vous ne m'avez pas donné à manger ; j'avais soif, et vous ne m'avez pas donné à boire ; j'étais un étranger, et vous ne m'avez pas accueilli ; j'étais nu, et vous ne m'avez pas habillé ; j'étais malade et en prison et vous ne m'avez pas visité." Alors ils répondront, eux aussi : "Seigneur, quand est-ce que nous t'avons vu avoir faim et soif, être nu, étranger, malade ou en prison, sans nous mettre à ton service ?" Il leur répondra : "Amen, je vous le dis : chaque fois que vous ne l'avez pas fait à l'un de ces petits, à moi non plus vous ne l'avez pas fait."

Et ils s'en iront, ceux-ci au châtiment éternel, et les justes, à la vie éternelle. »

Évangile de Matthieu, 25, 31-46

Toutes nos actions ont leur prolongement, leur récompense dans l'au-delà. Et de même toutes nos mauvaises actions enclenchent toujours leur punition de l'autre côté du miroir, dit la Sagesse des nations. Finalement l'essentiel, c'est d'aimer toujours. « À la fin de notre vie, nous serons jugés sur l'amour », dit l'Évangile des chrétiens. Et sur rien d'autre. Notre bonheur éternel est entre nos mains dès ici-bas.

Le bouddhisme enseigne de même la compassion pour tous les êtres comme chemin de la béatitude, du nirvana. Car un bienfait n'est jamais perdu. Sauf si...

Fil d'araignée et fil d'argent, une histoire d'amour

Le Bouddha, un jour, se promenait dans les Cieux, sur les bords du lac de la Fleur de Lotus. Dans les profondeurs de ce lac, Bouddha pouvait apercevoir le Naraka, l'enfer. Il y vit ce jour-là un homme du nom de Kantaka qui, mort quelques jours auparavant, se débattait et souffrait dans cet enfer. Shakyamuni Bouddha, empli de compassion, voulait secourir tous ceux qui, bien qu'ayant sombré en enfer, avaient cependant fait une bonne action dans leur vie.

Kantaka avait été voleur et avait mené une vie de débauché. Ainsi se retrouvait-il en Naraka. Une fois cependant, il avait agi généreusement : en se promenant un jour, il avait vu une grosse araignée et avait eu l'envie de l'écraser ; mais il s'était arrêté dans son geste, pensant subitement qu'il pouvait l'aider ; il la laissa en vie et passa son chemin.

Shakyamuni Bouddha vit dans cette action généreuse un bon esprit, et eut alors envie de l'aider. Aussi fit-il descendre dans les profondeurs du lac un long fil d'araignée qui parvint aux enfers jusqu'à Kantaka.

Kantaka regarda cette chose nouvelle, et constata que c'était une corde en argent très forte. Mais il ne voulut pas le croire et il se dit que, certainement, c'était un fil d'araignée qui pendait, que ce serait probablement très difficile de grimper à ce fil ténu, mais qu'il tenterait le tout pour le tout, désirant ardemment sortir de ce Naraka. Il saisit alors le fil, tout en pensant que l'escalade serait très dangereuse car le fil pouvait casser d'un moment à l'autre ; mais il grimpa... grimpa... s'aidant des pieds et des mains, et faisant de grands efforts pour ne pas glisser.

L'escalade était longue. Arrivé à mi-hauteur, il voulut regarder vers le bas les enfers qui étaient sûrement très loin. Vers le haut, il voyait la lumière et ne désirait plus qu'y accéder.

En se penchant vers le bas pour regarder une dernière fois, il vit une foule de gens qui grimpaient à sa suite dans une succession ininterrompue depuis les grandes profondeurs des enfers. Kantaka alors paniqua : cette corde était tout juste assez solide pour lui ; pour ces centaines de personnes qui s'y agrippaient,

elle allait sûrement céder, et tous avec lui se retrouveraient en enfer ! Quelle malchance ! Quel dépit ! « Ceux-là n'avaient donc qu'à rester en enfer ! Pourquoi faut-il donc qu'ils me suivent ! », maugréait-il contre eux.

À ce moment précis, le fil céda très exactement à la hauteur des mains de Kantaka et tous sombrèrent dans les profondeurs ténébreuses du lac. Au même moment le soleil de midi resplendissait sur le lac au bord duquel Bouddha se promenait.

Koan zen raconté par T. Deshimaru

Aimés...

Soyons heureux et confiants pour l'ici-bas comme pour l'au-delà : nous sommes aimés. Et l'amour du Très-haut est comme celui d'un Père très proche de ses enfants, même lorsqu'ils se conduisent comme des garnements...

Le fils prodigue

Jésus dit encore : « Un homme avait deux fils. Le plus jeune dit à son père : "Père, donne-moi la part du domaine qui me revient." Et le père leur partagea son bien. Le plus jeune fils ramassa tout et partit peu après pour un pays lointain où il dépensa son héritage dans une vie de désordres.

Quand il eut tout dépensé, une grande famine s'abattit sur ce pays et il commença à manquer de tout. Il alla donc se mettre au service d'un des habitants du pays qui l'envoya dans ses champs pour garder les cochons. Là il aurait bien voulu se remplir le ventre des caroubes que mangeaient les cochons, mais à lui personne ne lui donnait rien.

Il rentra alors en lui-même : "Combien d'ouvriers de mon père, se dit-il, ont du pain plus qu'il n'en faut, et moi ici je meurs de faim. Je vais me lever, retourner vers mon père, et je lui dirai : 'Père, j'ai péché contre le Ciel et devant toi. Je ne suis plus digne d'être appelé ton fils, mais prends-moi comme l'un de tes ouvriers'." Il se mit donc en route et retourna chez son père.

Quand il était encore loin, son père l'aperçut et fut pris de pitié ; il courut se jeter à son cou et l'embrassa tendrement.

Le fils alors lui dit : "Père j'ai péché contre le Ciel et devant toi. Je ne suis plus digne d'être appelé ton fils."

Mais le père dit à ses serviteurs : "Apportez vite la plus belle tunique et habillez-le, mettez-lui un anneau au doigt et des chaussures aux pieds. Allez chercher le veau gras et tuez-le, car il nous faut manger et faire la fête : mon fils que voici était mort et il est revenu à la vie, il était perdu et il est retrouvé." Et ils commencèrent à faire la fête. »

Évangile de Luc 15, 11-32

Il faut faire la fête ! Il était perdu et il est retrouvé ! Joie au cœur du vieux père, joie au cœur du fils prodigue. C'est la même joie qui habitait le cœur du père du vaurien et celui de son fils qui allait être pendu, dans cette complainte à la Villon chantée par Georges Brassens.

Les quatre bacheliers

Nous étions quatre bacheliers
Sans vergogne
La vraie crème des écoliers
Des écoliers
Pour offrir aux filles des fleurs...
Sans vergogne
Nous nous fîmes un peu voleurs...
Les sycophantes du pays
Aux gendarmes nous ont trahis
Et l'on vit quatre bacheliers
Qu'on emmène les mains liées
On fit venir à la prison
Les parents des mauvais garçons
Les trois premiers pères, les trois
En perdirent tout leur sang-froid.
Comme un seul ils ont déclaré
Qu'on les avait déshonorés
Comme un seul ont dit : « C'est fini,
Fils indigne, je te renie. »
Le quatrième des parents
C'était le plus gros, le plus grand
Quand il vint chercher son voleur
On s'attendait à un malheur.
Mais il n'a pas déclaré, non
Que l'on avait sali son nom
Dans le silence, on l'entendit
Qui lui disait : « Bonjour, petit ! »
On le vit, on le croirait pas
Lui tendre sa blague à tabac
Je ne sais pas s'il eut raison
D'agir d'une telle façon.
Mais je sais qu'un enfant perdu

A de la corde de pendu
A de la chance quand il a
Un père de ce tonneau-là.
Et si les chrétiens du pays
Jugent que cet homme a failli
Ça laisse à penser que pour eux
L'Évangile, c'est de l'hébreu.

Le père du prodigue et celui du voleur portaient sur leur enfant un regard créateur : « Les vrais regards d'amour sont ceux qui nous espèrent » (Paul Baudiquey).

Porter sur l'autre un regard créateur

Jésus disait : « Ne jugez pas et vous ne serez pas jugés. Ne condamnez pas et vous ne serez pas condamnés.

Quoi ! Tu vois la paille qui est dans l'œil de ton frère, et tu n'as pas remarqué la poutre qui est dans le tien ? Comment peux-tu dire à ton frère : “Laisse-moi t'enlever cette paille que tu as dans l'œil”, alors que tu ne vois pas la poutre qui est dans le tien ? Hypocrite, enlève d'abord de ton œil la poutre, et ensuite tu verras clair pour enlever la paille qui est dans l'œil de ton frère. »

Évangile de Luc 6, 37-42

L'ashram du bonheur

Il était une fois un ashram de l'Inde célèbre parce que débordant de vie religieuse et d'enthousiasme. Les disciples affluaient de toute part. On construisait cellule après cellule pour accueillir cette jeunesse pleine d'ardeur. Les lampes brûlaient sans discontinuer devant les murtis — les représentations des dieux — dans le temple vibrant de la psalmodie des textes sacrés des Upanishads. Mais peu à peu la ferveur s'était relâchée. Le flot des novices s'était tari. Les fidèles ne prenaient plus en long cortège le chemin du monastère pour écouter les enseignements du maître. Les moines courbaient les épaules sous le poids de l'ennui et du laisser-aller. Ce n'était plus que mauvais jugement et mauvais esprit.

Le maître prit alors la décision d'aller consulter son propre guru, vénérable sage retiré dans un ermitage au pied des Himalayas.

« Pourquoi, maître, sommes-nous tombés si bas ? Par quel péché ?

– Par ignorance, répondit paisiblement le sage.

– Ignorance de quoi ?

– De ceci : Vishnou notre dieu est à nouveau descendu sur la terre. Il a pris forme humaine en nouvel avatar. Et c'est l'un de tes disciples de l'ashram. »

Émerveillé à la fois et stupéfait, n'en croyant pas ses oreilles, le maître reprend au plus vite le chemin du retour. Tout au long de la route il essaie d'imaginer qui cela peut bien être : un tel ? il est pourtant si borné ! Un tel ? il est si paresseux ! Mais qui sait : peut-être ces défauts sont-ils justement un déguisement que Vishnou a pris pour n'être pas reconnu, comme lorsqu'il s'est manifesté sous les traits de Krishna le joueur de flûte... ?

À peine arrivé à l'ashram, il réunit les moines pour le satsang, la rencontre du soir :

« Écoutez cette merveilleuse nouvelle : Vishnou est descendu dans notre monastère ! L'un de nous est son nouvel avatar ! »

Tous se regardèrent stupéfaits, émerveillés aussi. Mais comment reconnaître le Dieu sous son déguisement ? Et aussitôt chacun de regarder l'autre d'un tout autre regard :

« Si c'était Vishnou ? Celui-ci qui a un caractère impossible et cet autre qui fait si mal la cuisine, s'ils étaient l'avatar du Dieu ? »

Et voici chacun traitant son frère avec considération et respect : « On ne sait jamais ! » Personne ne jugeait plus personne sauf pour voir en lui tout le bien qui sans doute y était caché.

Du coup l'atmosphère de l'ashram changea du tout au tout. Joie et fraternité rayonnaient peu à peu, et un bonheur paisible qui illuminait doucement chaque visage. De nouveaux disciples affluèrent. De longues processions de fidèles à chaque fête recommençaient à monter vers le temple. Et les gens appelèrent ce nouveau monastère « l'ashram du bonheur ».

Apologue hindou

Grand Esprit, accorde-moi de ne jamais critiquer mon voisin avant d'avoir marché un mille dans ses mocassins.

Prière des Indiens d'Amérique du Nord

« Si je parle avec un homme et qu'il ne me comprend pas, je me tais et je l'écoute.

Je m'efforce de le comprendre, lui. Car si je parviens à le comprendre, je saurai pourquoi il ne me comprend pas. »

Un sage du Mali

Le businessman relaxé

C'est l'histoire d'un homme d'affaire toujours survolté, stressé, et devenu insupportable pour sa famille et dans son environnement professionnel. Il alla consulter son médecin pour tout autre chose – tension en hausse, tachycardie, maux d'estomac. Celui-ci lui prescrivit quelques médicaments qui étaient en fait des tranquillisants en lui demandant de revenir dans un mois.

À la seconde consultation, le généraliste s'enquit de la manière dont allaient maintenant les choses.

« Oh, rien de spécial, docteur. Mais j'ai remarqué depuis quelque temps que ma femme et mes employés étaient beaucoup plus détendus. »

Je ne peux rien pour faire changer les autres. Mais chose étrange, quand je change moi-même, ils changent à leur tour.

Carl Rogers

« Ah ! ces étrangers ! »

Ton Christ est juif,
Ta voiture est japonaise,
Ta pizza est italienne,
Et ton couscous, algérien,
Ta démocratie est grecque,
Ton café est brésilien,
Ta montre est suisse,
Ta chemise est indienne,
Ta radio est coréenne,
Tes vacances sont turques,
Tunisiennes ou marocaines,
Tes chiffres sont arabes,
Ton écriture est latine,
Et... tu reproches à ton voisin
D'être un étranger !

Seul l'ignorant se fâche.
Le sage comprend.

Sagesse hindoue

Demander pardon, c'est accueillir au fond de son cœur le besoin vital d'exister pour un autre.

Si la violence est une chaîne,
alors sois le premier maillon manquant.

Et rendre grâces pour la vie...

Le maître Jésus disait : « Je te rends grâces, Père, car tu as caché les secrets du Royaume aux sages et aux savants, et tu les a révélés aux petits... »
Le secret du bonheur ? Il est très simple et à notre portée. C'est de vivre, tout simplement. Et d'accueillir la vie, elle qui nous apporte à chaque instant mille cadeaux. En rendant grâces.
L'action de grâces est la respiration de l'âme.

Rengetsu l'éveillée

Rengetsu est une des rares femmes à avoir atteint l'éveil par le zen. Un jour, au début du printemps, elle se mit en route pour effectuer un pèlerinage. Le soir, elle arriva dans un village, mais comme le soleil était déjà couché, personne n'accepta de l'héberger. C'était sans doute un village bouddhiste traditionnel. Rengetsu, chassée de la localité, se retrouva en rase campagne. Il faisait froid et elle avait faim. Blottie au pied d'un cerisier, elle finit par somnoler. Vers minuit, quelque chose d'indéfinissable lui fit ouvrir les yeux. Dans la clarté brumeuse de la lune elle vit le cerisier se couvrir de fleurs. Bouleversée, Rengetsu se leva et s'inclina dans la direction du village :

« Parce que vous avez eu la bonté de ne pas m'héberger, je me suis trouvée sous les fleurs en cette nuit de lune voilée. »

Le cœur plein de gratitude elle rendit hommage au village dont les habitants lui avaient permis de vivre cette merveille : l'épanouissement du cerisier, la vibration de la lune, le grand silence de la nuit. Rengetsu était sans rancune. Elle accepta la situation et bien davantage : elle l'accueillit et se sentit pleine de reconnaissance.

Apologue du bouddhisme zen (Osho Rajneesh)

Envoi

Nous avons au long de ces pages entendu l'interrogation inlassable des hommes sur ce qui fait leur destin, dans une quête sans fin du bonheur.
Par-delà nos diversités, nous nous sommes sans doute reconnus fort proches. Par-delà les variations et harmoniques d'un même hymne à la joie, nous avons atteint en effet la Source d'une modulation polyphonique unique. Ces histoires et paraboles nous ont révélé un seul et même visage de l'homme tourné vers l'Invisible, quel que soit le nom qu'il lui donne. Nous avons rencontré ainsi notre commune humanité.
Dans ce voyage initiatique au cœur des hommes nos frères, les différences, voire les antagonismes apparaissent alors comme bien relatifs. Car cette insatiable nostalgie de la béatitude, cette recherche du paradis perdu traduit une identique soif de Dieu, d'un Dieu seul capable de l'étancher.
*Le concile Vatican II s'en expliquait pour les croyants en ces termes : « L'Esprit Saint offre à tous les hommes, d'une façon que Dieu connaît, la possibilité d'être associés au mystère pascal du Christ. Car sa grâce agit invisiblement dans le cœur de tous les hommes de bonne volonté » (*GS *22, 5).*
Chacun saura au terme l'exprimer à sa manière et avec ses convictions propres, apportant une note inédite au chant que nous avons entendu monter de tous les horizons du monde.

Références des textes cités

P. 15, « Le cheval d'Al-Mamun » : Anthony De Mello, *Dieu est là, dehors,* Éditions Fides et Bellarmin.
P. 18, « La chaîne et le peigne » : G. Bessières, *Fêtes et Saisons 488,* Éditions du Cerf.
P. 20, « Elsa, mon amour, ma jeunesse » : L. Aragon, fragments de « L'amour qui n'est pas un mot » dans *Le roman inachevé*, © Éditions Gallimard.
P. 26, « Le chant du mendiant » : Toukâram, Psaumes XXVI, extrait de *Psaumes du pèlerin,* traduction G.-A. Deleury, © Éditions Gallimard.
P. 29, « La légende du myosotis » : E. Renardet, *La Croix,* 20 novembre 1978.
P. 32, « L'amour ne vieillit pas » : Ch.-F. Ramuz, in *Livret de mariage de la Confédération helvétique.*
P. 33, « Nous nous étions enfin rencontrés... » : A. de Saint-Exupéry, *Terre des hommes,* © Éditions Gallimard.
P. 36, « Le véritable ami » : D. Nothamb, *Un humanisme africain,* Lumen Vitae.
P. 41, « Vers trois heures je commencerai d'être heureux » : A. de Saint-Exupéry, *Le Petit Prince,* © NRF Gallimard.
P. 46, « Moi, je marcherais doucement vers une fontaine... » : A. de Saint-Exupéry, *Terre des hommes, op. cit.*
P. 47, « Le père abbé et le chasseur » : J. Chittister, *Une sagesse au fil des jours,* Éditions du Cerf.
P. 52, « Le plaisir est un chant de liberté » : Khalil Gibran, *Le Prophète,* © Casterman.
P. 66, « Diogène et les lentilles » : R. Poletti, « Mes conseils santé pour mieux vivre », *Le Matin.*
P. 70, « La modestie du vieux rabbin » : Anthony De Mello, *Dieu est là, dehors,* Les Éditions Fides et Bellarmin.
P. 73, « Le beau cheminement de la stricte observance » : Léon Chancerel, *Le pèlerin d'Assise,* Éditions Franciscaines.
P. 76, « Les Béatitudes du poète » : J. Debruynne, *Jésus dans son Évangile,* Desclée.
P. 78, « Ils amassent de l'expérience » : Ch. Péguy, *Le mystère des Saints Innocents,* © NRF Gallimard.
P. 82, « Les deux marchandes » : Qi Qong, *Le cercle du petit ciel de Ya Ding,* © Éditions Denoël.

P. 86, « La rose et le fumier » : P. Gaboury, *L'attention,* n° 0, Le Fennec.
P. 88, « Le bonheur peut naître d'une fissure » : d'après un texte de J. Salomé, *Je m'appelle toi.*
P. 89, « Le bonheur au masculin et au féminin » : J. Brun, *Vivez dans la joie,* Dangles.
P. 90, « Libérer nos potentialités » : Lorant Hecquet, *La feuille verte* 3/94.
P. 95, « C'est beau la vie » : paroles de C. Delecluse et M. Senlis, musique J. Ferrat, chanson créée pour Isabelle Aubret, © copyright 1963 by Productions Gérard Mays, 10 rue Saint-Florentin, 75001 Paris.
P. 97, « Un bol ? du vide ! » : T. Deshimaru, *Le bol et le bâton,* Éditions du Félin.
P. 101, « Prière pour demander pardon » : Léon Chancerel, Éditions Franciscaines.
P. 107, « Espère dans le Très-Haut » : P. Baudiquey, *Pleins signes,* Éditions du Cerf.
P. 115, « Le désert refleurira » : J. Faizant et J. Loew, *Paraboles et fariboles,* Éditions du Cerf.
P. 121, « L'homme meurt de soif » : A. de Saint-Exupéry, *Un sens à la vie,* © Éditions Gallimard.
P. 123, « La petite musique du bonheur » : J.-L. Ducamp, *Le bonheur raconté aux enfants,* Éditions de l'Atelier (anc. Éditions Ouvrières).
P. 124, « L'araignée qui voulait pêcher des bananes » : *Les plus belles histoires d'animaux,* Gründ.
P. 128, « L'éveilleur » : Farid-ud-Din'Attar, *Le Mémorial des Saints,* © Éditions du Seuil 1976.
P. 130, « Comment le voleur parvint à l'éveil » : T. Deshimaru, *Le bol et le bâton,* Éditions du Felin.
P. 133, « Son nom est chat » : M. Riffaud, *Contes du Viêt-nam,* La Farandole.
P. 138, « Le petit sapin jamais content » : d'après N. Dean, DDB.
P. 144, « Le jardin en désolation » : Osho Rajneesh, *Le Tarot de Rajneesh,* Éditions Du Gange/Le Voyage Intérieur, 1991.
P. 146, « Le chat de l'ashram » : R. Poletti, « Mes conseils santé pour mieux vivre », *op. cit.*
P. 155, « Il dansera pour toi » : Madeleine Delbrêl, *Nous autres, gens des rues, Textes missionnaires,* © Éditions du Seuil 1995.
P. 158, « La terre est sacrée » : Teri Mac Luhan, *Pieds nus sur la terre sacrée,* © Éditions Denoël-Gonthier.
P. 159, « Lâcher-prise » : Rosette Poletti, *Pensées pour grandir,* Éditions Jouvence.
P. 162, « La tasse trop pleine » : Osho Rajneesh, *Le Tarot de Rajneesh,* Éditions Du Gange/Le Voyage Intérieur, 1991.
P. 163, « La nature de Bouddha » : in *A.R.M.*

P. 180, « La vie et la mort sont comme le fleuve et l'océan » : Khalil Gibran, *Le Prophète,* © Casterman.
P. 191, « Même si j'étais petit caillou... » : cité in *Aujourd'hui, sixième,* Tardy.
P. 194, « Les trois arbres » : A. E. Hunt, Centurion.
P. 201, « Non, je ne regrette rien » : paroles de Michel Vaucaire, musique de Charles Dumont, © 1961 Éditions Musicales Eddie Barclay, copyright 1965 Société d'éditions musicales internationales (SEMI), 5 rue Lincoln, Paris (VIIIe) ; publié avec l'autorisation de la Société d'éditions musicales Internationales (SEMI) Paris - France.
P. 202, « L'aigle et le soleil » : R. Poletti, « Mes conseils santé pour mieux vivre », *op. cit.*
P. 210, « Les deux serviteurs » : J. Gnanabaranam, *La danse du semeur,* Centurion.
P. 213, « Le bonheur le plus calme du monde » : Alain-Fournier, Émile Paul Frères.
P. 216, « Le jeune homme et l'ermite » : in *Fêtes et saisons* 484, Éditions du Cerf.
P. 217, « Une édifiante visite au cimetière » : R. Poletti, *op. cit.*
P. 220, « Chaque branche est différente » : Pasteur Murray Bean, Toulouse.
P. 224, « Pourquoi y a-t-il tant de religions ? » : P. Talec, *Okapi,* Centurion.
P. 227, « Sans cligner des yeux » : in *A.R.M.*
P. 229, « Votre raison et votre passion » : Khalil Gibran, *Le Prophète,* © Casterman.
P. 233, « La paix du cœur » : interview de J.-Y. Leloup in *L'attention,* Le Fennec.
P. 237, « Deux frères qui s'aimaient » : Anthony De Mello, *Dieu est là, dehors,* Les Éditions Fides et Bellarmin.
P. 240, « Parlez-nous du don » : Khalil Gibran, *Le Prophète,* © Casterman.
P. 245, « La véritable histoire du Père Noël » : J.-E. Vautier, in *Veillée des chaumières,* 20 décembre 1980.
P. 247, « Tu leur apportes le bonheur et l'amour » : É. Piaf, *Ma vie,* Union générale d'éditions.
P. 251, « Fil d'araignée et fil d'argent » : T. Deshimaru, *Le bol et le bâton,* Éditions du Félin.
P. 261, « Rengetsu » : Osho Rajneesh, *Le Tarot de Rajneesh,* Éditions Du Gange/Le Voyage Intérieur, 1991.

Table des matières

N° d'éditeur : 2518
Impression et reliure : Pollina s.a., 85400 Luçon - n° 90126
Dépôt légal : mai 2003